明智光秀像

本徳寺の開山、南国梵珪は光秀の遺児。慶長18（1613）年に描かれた。

（本徳寺所蔵）

明智光秀坐像

周山城（京都市）の麓に住まう人々の手により秘かに守り伝えられてきた。黒く塗られているのも、人目をはばかるためだったという。（慈眼寺所蔵）

琵琶湖から望む
坂本地区と比叡山 （滋賀県）

丹波亀山城址
石垣の下部は光秀時代にさかのぼる可能性も指摘されている。 （京都府亀岡市）

※丹波亀山城址は現在、宗教法人「大本」が所有。城址見学には「ギャラリーおほもと」入館券（有料）が必要。見学の際は本部総合受付に申し出ること。

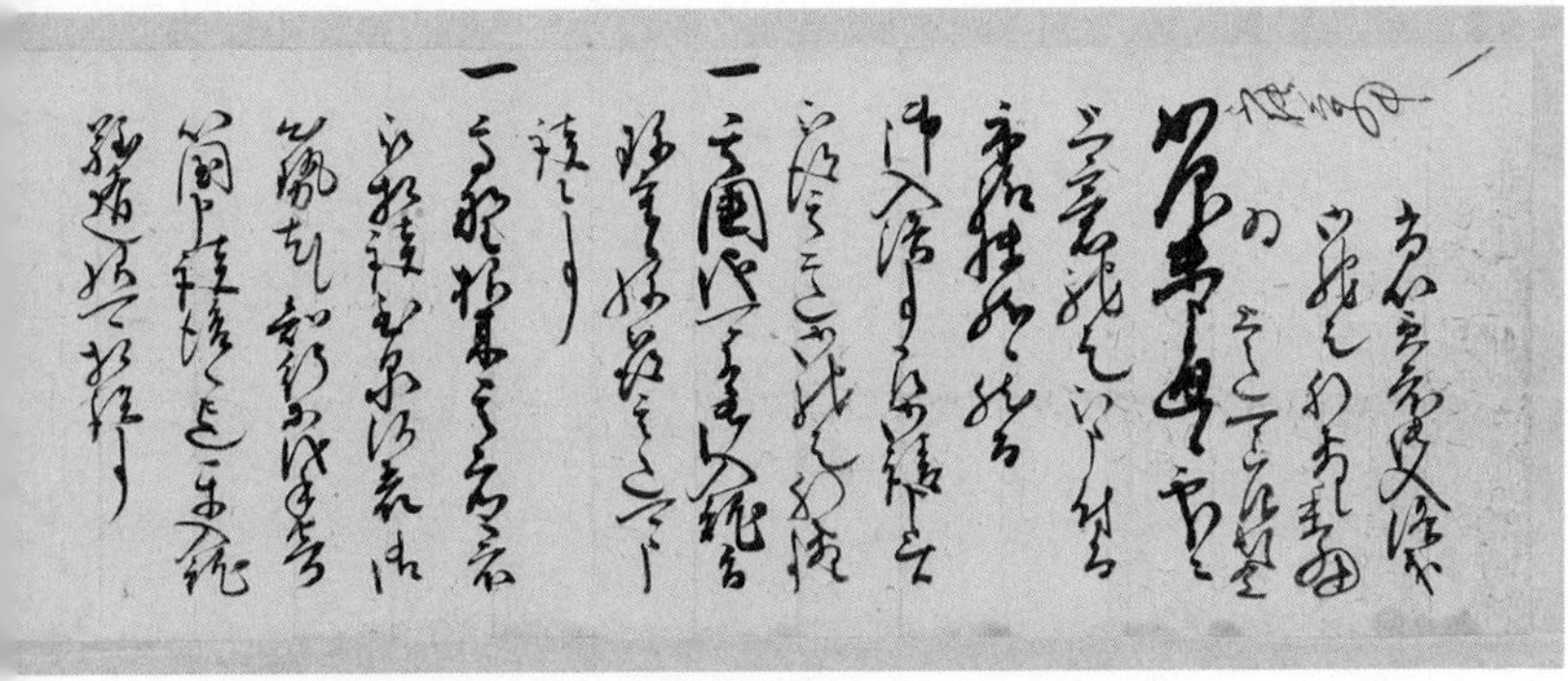

国史跡　八上城跡遠景

光秀と波多野氏の激戦の舞台だが、現在はその整った姿から丹波富士と呼ばれている。（兵庫県丹波篠山市）

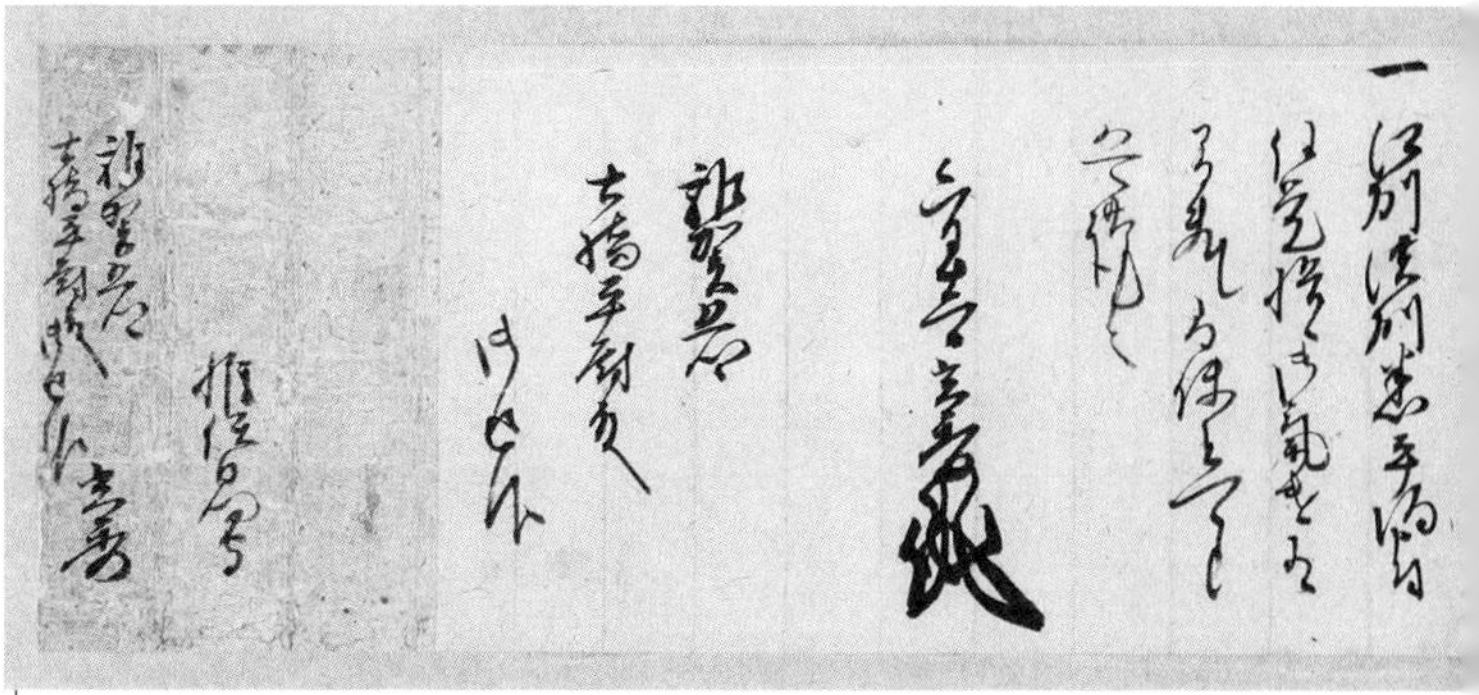

土橋平尉（重治）宛光秀書状

天正10（1582）年6月12日　（美濃加茂市民ミュージアム所蔵）

天王山から古戦場を望む

（京都府大山崎町）

月百姿《つきのひゃくし》
山城小栗栖月

月百姿
月下の斥候《せっこう》　斎藤利三

「月百姿」は幕末から明治にかけて錦絵界で活躍した月岡芳年の代表作のひとつ。「山城小栗栖月」は光秀を待ちうける落武者狩の農民を大きく描く。斎藤利三は「月百姿」のシリーズに2度登場する唯一の人物である。

（いずれも国立国会図書館デジタルコレクションより）

光秀を追う

土山公仁 著

岐阜新聞社

はじめに

明智光秀は小早川秀秋とならぶ戦国の二大裏切り者としてその名をはせている。裏切りは戦国の世の習わし、それにもかかわらず、なぜ、このふたりがその代表として語り続けられているかというと、ふたりの行動がその後の日本の歴史の大きな流れに直接影響を与えたからだ。

本能寺の変を引き起こし、天下統一目前の織田政権を瓦解《がかい》させ、秀吉の時代を招来させた光秀、天下分け目になるはずの関ケ原合戦を短時間のワンサイドゲームにしてしまった秀秋は信長や三成のファンたちにとって、許しがたい極悪非道の人物として今後も記憶され続けることになるだろう。

それでも、光秀が秀秋と違うのは、没後、ゆかりの地域でひそかに光秀を慕い祀《まつ》り続けた人々がいたことだろう。近代になって観光施策として新たな伝説が創出されたのではなく、儒教倫理が支配し主君を裏切るなど決して宥《ゆる》されなかった江戸時代にも、丹波・近江・

越前そして美濃といった地域でひそかに光秀は祀られ、語り継がれてきたのである。そこには、その地域で光秀が善政をほどこしたとか、不遇な最期をむかえた光秀の魂を慰める御霊信仰といった模範解答でなく、もっと素朴な人々の想いが潜んでいたのではないだろうか。

今回、岐阜新聞の取材で光秀ゆかりの地を巡り、連載の執筆中にぼくが追い続けたのは、謎に満ちた光秀本人の姿ではなく、光秀を慕い伝えてきた人々の想いでもあったような気がする。そこで、永遠に解かれ得ないだろう光秀の謎を追いかけるのではなく、人々の想いに素直によりそってみることにして、取材先で感じたことをベースに想像力をふくらませて光秀の虚像を追うことで、さまざまな光秀の可能性に光をあてようと思ったのである。

現在さまざまな光秀関係本が書店の店頭をにぎわせているが、もっとも入手しやすく、筆者の推測部分が少ないものとして、谷口研語氏の『歴史新書 明智光秀』（洋泉社、2014年）を推薦しておきたい。新聞連載中も谷口氏にはなんども相談にのっていただいた。最終的には谷口氏の文献史学の王道ともいうべき手堅い手法とは真逆な方法でまとめることになってしまったが、同書は常にぼくの座右にあった。この本の中で、谷口氏によればという記述が多数でてくるが、それはすべて同書によるものであることをあらかじめおことわりしておくことにしたい。

第1章　美濃に残る光秀の幻

家紋のデザインが定まるのは17世紀後半です。
本書で使う桔梗紋は土山がデザインしました。

土岐氏の一族

「ときは今　あめが下知る　五月哉」。明智光秀と聞いて多くの人が思い出すのは、本能寺の変の直前、京都の愛宕山で光秀が詠んだ連歌の発句だろう。土岐氏が天下をとる（織田信長の時代に終止符を打つ）という暗喩をはらんだとされる連歌については、後に詳しく触れることになるが、光秀が生きた時代の人々も光秀が土岐氏の一族であると認識していたことは確かだ。朝廷の御持《ごもつ》の保管や金銭の出納などを担当する禁裏御蔵職《きんりみくらしょく》 立入隆佐《たてりりゅうさ》の記録にも「美濃国住人ときの随分衆（土岐一族の有力者）也」と紹介されている。無論、光秀がそう詐称していただけで、隆佐もだまされていたという懐疑論者の異論もあるだろうが、そこまで疑ってしまうと光秀についてはなにも語れないことになってしまう。

土岐氏は室町時代、美濃守護をつとめた一族である。土岐氏が大きく力を伸ばしたのは、南北朝時代であった。土岐頼貞は足利尊氏に与《くみ》し、尊氏が失脚しかけた際も九州に同行するなど側近として尊氏を支えた。土岐氏は美濃地方の各地に一族を配置し美濃支配を強固なものにしていく。明智氏もその有力支族であるが、その他にも、多治見（岐阜県多治見市）、妻木・肥田（土岐市）、蜂屋（美濃加茂市）、石谷・福光（岐阜市）、舟木（本巣市）、饗庭《あいば》（揖斐郡大野町）、揖斐（揖斐川町）、墨俣（大垣市）など土岐一族の所領は美濃地方全域におよび枚挙の暇《いとま》がない。「土岐系図」では、土岐氏はものの見事に一族を美濃地方の要所要所に配置しているが、それらが本当に血縁関係であったかは立証できない。後に触れることになるが、光秀が明智一族を増やしていったように擬制の一族だった可能性の方が高いと思う。

一族の姓はゆかりの地名によるもので、瑞浪市土岐町が土岐一族発祥の地である。同町一日《ひと》市場にある八幡神社は土岐氏の居館跡とも伝えられ、土塁の跡は小高くなって、現在に至っている。

その東方の山に築かれた鶴ヶ城（瑞浪市）がいざという時の詰城である。天正2（1574）年、信長が東濃に侵出してきた武田氏に対抗するため修築し河尻秀隆を配した高野城（鶴ヶ城の別名）として『信長公記』にも登場し、同10年、武田氏攻めの際、甲斐に向かう信長の宿営地にもなっているので、同行した光秀も訪れたはずだ。

土岐氏の全盛期は頼康（～1387）の時代である。頼康は美濃だけでなく尾張・伊勢の守護もつとめ、支配の拠点を革手（岐阜市川手）においた。頼康の従弟に頼重なる人物がいる。この頼重こそ土岐明智氏の初代とされている（「土岐系図」『寛政重修諸家系図』・「明智系図」『続群書類従』など）。土岐明智氏の系譜を引き近世大名として存続した沼田藩土岐家に伝えられた文書群の中に、明智彦九郎（頼重）・土岐孫二郎に宛てた足利尊氏の書状や足利直義（尊氏の弟）の土岐彦九郎頼重宛の下文が伝えられ、頼重が明智姓を名乗った初期の実在した人物であることは確かである。

明智は頼重にゆかりのある地名によるものであろうが、岐阜県にはふたつの有力候補地がある。恵那市明智町と可児市から御嵩《みたけ》町にかけての地域である。後者はこのあたりに藤原氏の一族からの岩清水八幡宮に伝えられた明知（智）荘があったことによる。その荘域は明知八郷と呼ばれた現在の可児市の柿田・渕之上・瀬田・平貝戸・石森・石井、御嵩町の顔戸《ごうど》・古屋敷と推定されている。両者とも光秀生誕地の候補で、江戸時代の系図や軍記物には記載されているが、土岐明智氏と直接的に結びつく確実で決定的な史料は存在しない。

先にあげた沼田土岐家に伝えられた史料からは足利直義の下文で頼重は妻木郷と多藝荘内の多藝・嶋・榛木《はんのき》の地頭職を認められている。明智氏は永徳3（1383）年には、尾張の海東庄《かいとうのしょう》（天龍寺領を除く）や武義庄の内野所・安弘見《あびろみ》・加藤郷も宛てがわれ、武蔵国にも所領をもっていたことがわかる。

沼田藩に伝えられた文書群は南北朝時代から室町時代にかけて実在した明智一族についての根本史料であるが、それ以外にも連歌界で活躍し室町幕府に直接仕えた奉公衆であった明智兵庫頭入道玄宣や明智政宣らの活躍も良好な史料で確認することができる。明智一族は確実に有力な土岐一族だったのである。しかし、光秀が生きた時代に近づくにつれ、明智一族の活動は確かな史料からは消えてしまった。

光秀伝説

光秀は生年、出生地、さらに父親の名前もわからない。ここで、謎の前半生を語る際に使われている史料群について触れておこう。『明智軍記』は光秀を主人公とした軍記物、今日の言葉でいえば歴史小説ということになる。最古の版本が名古屋市鶴舞中央図書館にある元禄6（1693）年のもので、それ以前の成立ということになるが、光秀没後100年は経過している。それなりの取材はしただろうが、斎藤義龍（史実は道三）の娘が織田信長に嫁ぎ、龍興（史実は義龍）が義龍を討つという基本的な誤りも多く、作家の創造力がいかんなく発揮されたもので、人物叢書の『明智光秀』を執筆した高柳光寿氏がくだした「誤謬《ごびゅう》充満の悪書」という評価が定着しているもので、到底信用はおけない。

光秀の美濃における事績をもっとも数多く伝えるのは『美濃国諸旧記』という軍記物である。同書は寛永年間（1624〜1644）までの記述があり、寛永末年ころの成立という説もあるが、元文3（1738）年に成立した『美濃明細記』をさらに詳述した部分も多く18世紀後半〜19世紀の成立だろう。『続群書類従本明智系図』は妙心寺塔頭の住職である光秀の子が光秀の50回忌にあわせ寛永8（1631）年にまとめたという端書があるが、この手の記述は系図の正当性を示すため仮託されることも多く信頼性に欠ける。沼田藩の土岐文書も掲出され、それをもとに作られたと考えられている。

その他、光秀の一族と伝えられる宮城家や細川家に仕えた三宅家の系図、山県市美山（岐

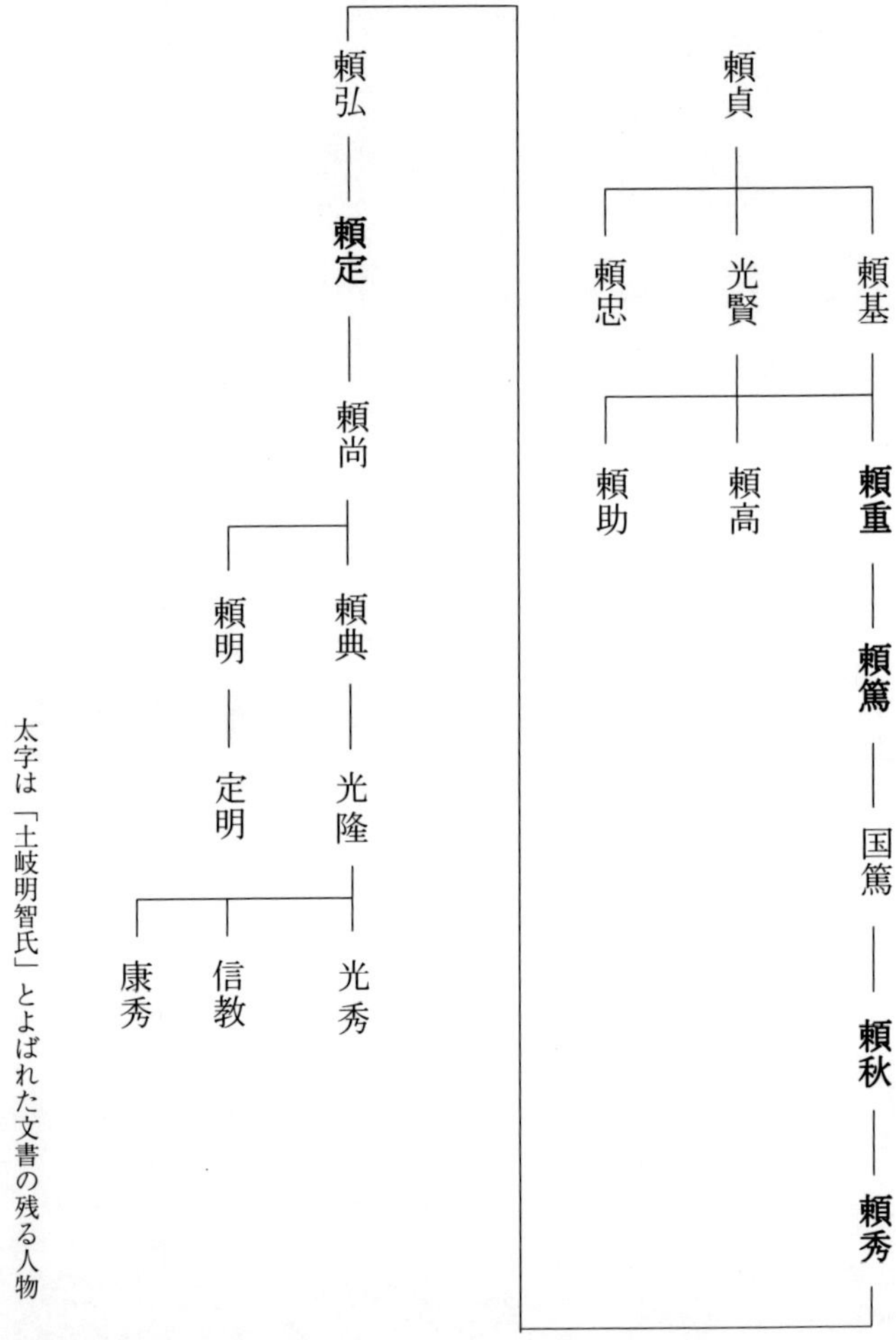

太字は「土岐明智氏」とよばれた文書の残る人物

続群書類従本による明智系図

阜県）の荒深家に伝えられた系図なども知られているが、いずれも確かなものであるとはいえない。なお、細川家が18世紀後半に編纂した歴史書『綿考輯録《めんこうしゅうろく》』に記された光秀関係記事は『明智軍記』の影響を受けていると従来考えられてきたが、細川家の支藩である宇土《うと》藩で17世紀末にまとめられた『宇土家譜』をもとにしているものが多いことも明らかになってきた（金子拓『信長家臣明智光秀』平凡社、２０１９年）。しかし、光秀の前半生について詳述されたものの多くは17世紀末の壁を越えられないのが現状である。

光秀の生年で広く知られている享禄元（１５２８）年は『明智軍記』、『美濃国諸旧記』や各種の系図に記されたものである。織田信長が天文３（１５３４）年生まれなので、６歳ほどお兄さんということになる。光秀が登場するドラマでも、おおむねこのイメージでキャスティングされているように思う。ところが、初代加納城主である奥平信昌の子忠明が編纂したと考えられている『当代記』は光秀の没年を67歳と伝えている。それに従えば、永正13（１５１６）年誕生ということになる。そうすると、光秀の足跡が確かめられる信長が上洛した永禄11（１５６８）年にはすでに53歳であり、それまでどこでどのような暮らしぶりだったのか、ますます謎は深まるばかりだ。

父親の名前についても、『明智軍記』、『美濃国諸旧記』では光綱であるが、『続群書類従本明智系図』では光隆である。『明智氏一族宮城家相伝系図書』では、光秀の母が進士《しんし》信周《のぶちか》に嫁いだ光綱の妹で、後に光綱の養子になったと記している。山県市の「荒深家系図」では父を土岐基頼とし、弟の実名を頼武としている。

現在、広く使われている光秀周辺の関係図は『美濃国諸旧記』によるものである。それによれば、光秀と濃姫は従兄妹ということになる。この図で光秀の従兄弟である秀満や光忠は実在する光秀の重臣であるが本姓はそれぞれ三宅氏、高山氏であった。

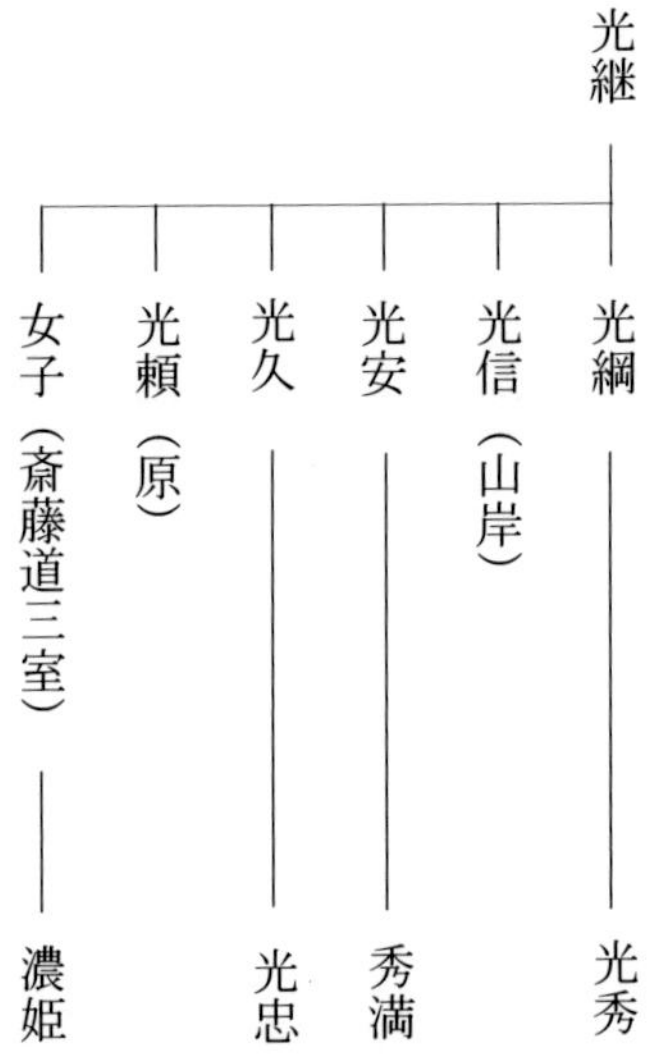

『美濃国諸旧記』による光秀関係図

　生誕地についてはさらに複雑である。竹中半兵衛の子、重門《しげかど》（1573〜1631）が著した『豊鑑《とよかがみ》』によれば光秀は美濃国土岐郡明知という里で生まれた。本

妻木一族の供養塔（滋賀県大津市、西教寺）

能寺の変の際、重門は10歳になっており、その証言は重く受け止めなければならないだろう。『続群書類従本明智系図』は光秀の生誕地を濃州多羅城としているが、明智初代の頼重が濃州土岐郡の明智郷を領したとしており、明智氏本貫の地は土岐郡にあったと読み取れるだろう。濃州土岐郡に明智の地名が残っていれば、そこが光秀生誕地の第一候補にもなって問題がなかったであろう。しかし、先にあげた恵那市明智町は恵那郡であるし、可児市は可児郡である。肝心の土岐郡には明智の地名が残っていない。多治見市（土岐郡）に近接する春日井市明知町に注目する意見もあるが、あえて土岐郡の中に明智の里を探すのであれば、土岐市妻木地区をあげておきたい。この地を本貫とする妻木氏は明智氏の流れをくむ一族である。寛永18（1641）～20年に編纂された『寛永諸家系図伝』「妻木家譜」には、「何某　源二郎　藤右衛門　天正十年　明智日向守滅亡のとき、藤右衛門江州（坂本西教寺）におゐて自害す。光秀が伯父たるによつてなり。時に六十九歳。法名宗真」という記述がある。後の『寛政重修諸家譜』ではこの人物の実名として、広忠があげられ、近代になって、ひろという音から光秀の正室が熙子《ひろこ》と呼ばれるようにもなった。

『寛永諸家系図伝』の記述をそのまま歴史的事実として信用することはできないが、軍記物や系図群よりは成立が古いので、十分注目していいと思う。藤右衛門が光秀の伯父で本能寺の変の際69歳だったとしたら、永正11（1514）年生誕になり、その弟の子にあたる光秀が享禄元（1528）年生まれでも早すぎることも指摘しておこう。

なお、本書10章で詳述するが『多聞院日記』や『兼見卿記《かねみきょうき》』といった、光秀が生きていた時代に記された日記に、たびたび登場する光秀の妹が「妻木」と呼ばれている。谷口研語氏も慎重な姿勢ながら、光秀も妻木姓だった可能性を示唆している。妻木氏の菩提寺、崇禅寺（土岐市）は明智氏初代頼重が創建したと伝えられ、土岐頼貞・頼基・頼重の位牌のほか桔梗紋で飾られた数々の位牌群が現存している。この地区が幻の土岐郡明智の里であった可能性も十分あると思う。

恵那市明智町と可児市明智荘

恵那市明智町は恵那郡に属し、この地区に住まいした明智氏は遠山氏の一族である。遠山氏の先祖は藤原氏になり、土岐源氏ではない。このことから、源氏の一族であった光秀の生誕地としてはふさわしくないという意見が多いように思う。また、恵那市明智町はもと明知町で、光秀の明智とはゆかりがないという意見もあるようだが、後に述べる明智荘だって古い文献には明知荘と記されているので音さえ合えば問題ない。

もともとの土岐明智氏の発祥の地は恵那郡で、後に土岐郡や可児郡に移ったとか、戦国時代明智一族が本貫の地で勢力を失い、遠山明智氏のもとに身を寄せていたという歴史ロマン的解釈だって可能だろう。現在恵那市で唱えられているのは、遠山一族の景行と光秀の叔父とされる光安が同一人物というものだ。『寛政重修諸家譜』は遠山景行の法名を宗叔、

『明智軍記』では明智光安の法名を宗宿、『美濃国諸旧記』は光安の法名を宗宿（あるいは叔）と記しているからだ。江戸時代末期にさまざまな系図を集めた『系図纂要』では光安を遠山入道宗叔としたものがあり、この同人説は江戸時代末期には成立していたことがわかる。同人説のもとは『明智軍記』だったように思う。『明智軍記』の作者が失われた光秀の一族を描くにあたって、遠山明智一族をモデルにしたのではないだろうか。

恵那市明智町には、明知城跡から少し離れた落合砦で光秀が生まれたという伝説があり、現在、立派な産湯の井戸が整備されている。『続群書類従本明智系図』では、光秀の生誕地を濃州多羅としていることをもとにしたもので、落合砦のある地区に残る田良子《たらご》という字名は多羅郷が変化したという解釈である。恵那市の光秀伝説は近代になってから唐突に生まれたものでなく、江戸時代の末期に地域の歴史的情報を独自に解釈して育まれたように思われる。その成立過程がより明らかになることを期待したい。

土岐頼康の従弟、頼重を土岐明智氏の祖とする説を先に紹介したが、頼康の弟頼兼が明智氏初代という説もある。『美濃国諸旧記』に登場する土岐明智次郎長山下野守頼兼で、その従弟、長山遠江《とおとうみ》守光明が明智家を嗣いだという。長山遠江守は『太平記』にも登場する土岐一族の有力者だ。『美濃国諸旧記』の作者は明智氏と長山氏を同族と考え、明智荘の長山に明智城があると考えた。明智城（長山城）を拠点にした明智一族は近世の7万5千石に匹敵する所領をもっていたが、弘治2（1556）年斎藤道三シンパとみなされ、道三を滅ぼした斎藤義龍に攻められ、明智城は落城。光秀の叔父光安以下明智一族は滅亡し、光秀は明智家再興を託され諸国漫遊の旅に出るというのが『美濃国諸旧記』のストーリーである。

そこで、可児市瀬田地区の南方、東西に延びる山並みが長山で、そこに明智城が築かれたという説が有力視されてきたように思う。ところが近年になって、明智城（長山城）に対する評価が大きく揺らぎつつある。長山という呼称を確認できるのは昭和35（1960）年『可児町郷土史』が上限であり、長山城跡が発見されるのは、大河ドラマ「国盗り物語」放映直前の昭和47年12月のことであった（大平晃久「創出されたヘリテイジ－岐阜県可児市明智城跡を事例に－」『東海女子大学紀要　25』2005年）。

高田徹氏は曲輪や堀切と考えられていた地形を自然地形もしくは人工的であっても城郭遺構としては評価できないとし、山麓の居館跡も、明治時代の地籍図では認識できないと主張した（「長山城跡」『岐阜県中世城館跡総合調査報告書』３　岐阜県教育委員会、２００４年）。それらを受けて、新たな明智城探しもはじまっている。その第一の候補が明智荘の荘域にある御嵩町の顔戸城である。顔戸城跡は東西１８０メートル・南北１５０メートル台形状の平野部に築かれた居館跡である。堀や土塁も良好に残る全国的に見ても稀有な例で、高田徹氏によれば、隣接して１００メートル四方の居館が複数存在したという。現在、顔戸城は斎藤妙椿《みょうちん》の居館として紹介されることが多いが、長山城が明智城だと喧伝《けんでん》される以前は、ここが明智城だと考えられていた（櫛田道古『美濃可児史略』１８９５年）。

　ここまで書くと、長山城を明智城と考えるのは難しいようにも思えるが、これが全く成立しないわけでもなかろう。城跡が徹底的に改変されてしまい、現在はっきりした城郭遺構として認識できないだけ、という立場に立ってもいいし、大規模な地形の改変がなくても城として機能したと主張してもよいだろう。例えば、斎藤道三とも縁のある岐阜市の鷺山城は山麓の居館部分は土塁の一部も残っている。しかし、背後の山の山頂部にははっきりとした城郭遺構は存在しない。だからといって、鷺山城は山麓の居館部分だけで山は城でない、と主張する人はいないのではなかろうか。

いずれにせよ、可児市から御嵩町にかけての明智荘が美濃源氏明智氏の本貫の地というのが、近年まで有力な考え方だった。但し、長山氏を明智氏と同族とする確かな史料は存在しない。また、戦国時代の明智荘周辺は守護代斎藤氏が侵食するところとなり、斎藤道三の時代には斎藤家の名跡を嗣いだ道三の養子、正義が兼山を拠点にこの地をおさえ、少なくとも明智一族が『美濃国諸旧記』が記した7万5千石にもおよぶ領域を支配し続けたようには思えないのである。この地域と明智一族の関わりをどんな痕跡でもよいので探してほしいと思う。

大垣市上石津町出身説

大垣市上石津町多羅地区も光秀生誕の有力候補だ。先にあげた『続群書類従本明智系図』は、光秀の生誕地を濃州多羅城としているだけで解釈の余地を残したが、『明智氏一族宮城家相伝系図書』では生誕地を石津郡多羅と記し、現在の大垣市上石津町多良地区であることがわかる。近年山城跡も発見され注目されている。なお、『明智氏一族宮城家相伝系図書』では、光秀の実父は信士信周、母が明智光綱の妹であることから光綱の養子になったという異説をのせている。なぜ、西濃にあるこの地区が光秀と関わるようになったかというと、『続群書類従本明智系図』が沼田藩に伝わる土岐文書と深く関わりながら成立したからだ、沼田藩土岐家のもともとの出自は明智氏であったが、徳川家康に仕えた定政が反逆者である明智の姓をはばかり母方の姓である菅沼と名乗った。さらに、後に家康の命で土岐と改めたという。

『寛政重修諸家譜』「土岐（菅沼）系図」では、定政は天文20（1551）年美濃国多芸郡で生まれ、父はその翌年、斎藤道三と戦って敗死した。『続群書類従本明智系図』では、定政の父、定明が光秀の父光隆の従兄弟という設定になっているが、17世紀末に成立した『土岐定政伝』では定政が光秀の従兄弟であるという記述もあり、光隆と定明が兄弟ということになる。多芸郡に明智氏の所領があったことは、沼田藩土岐文書からも裏付けることができ、戦国時代末期にも明智氏の支流がそこを拠点に存続していた可能性は否定できない。

光秀伝説の進化論

山県市美山町中洞地区にも光秀生誕の伝説がある。この地区の光秀伝説はどのように進化してきたのか明らかにすることができる。最も古い記録は、兵法家、日夏繁高（１６６０～１７３１）が著した『兵家茶話』である。それによると、光秀は山崎の戦いの後、ひそかに逃れて濃州武芸郡洞戸村仏光山西洞寺に隠居し、荒須（深）又五郎と称した。関ケ原合戦の際、家康に味方するため親族を率いて出陣したが、路地で川水に溺れ死んでしまったという。光秀の弟、宗三の子、不立という禅僧が当時中洞にすんでおり、信長から光秀に宛てた感状を持っていた。『兵家茶話』にはこの感状を引用しているのだが、残念ながら偽文書としか思えない。ただ確かなのは、江戸時代の前期に光秀の弟の子と称する人物が中洞に住して、光秀がこの地に落ち延びてきたという話を伝えていたということだ。この時点では光秀がこの地で生まれたという伝承はなかったのである。なお、この話はほぼそのままの形で天野信景（１６６３～１７３３）の『塩尻』にも引用されている。

左から光秀、光秀の母の位牌（山県市中洞、中洞白山神社）

現在、中洞地区には桔梗塚とよばれる光秀を含む一族の宝篋《ほうきょう》印塔や五輪塔が残っており、その麓の白山神社には光秀や光秀の母の位牌が残されている。光秀の位牌の上部には桔梗紋のほか、桐紋、さらに織田木瓜《もっこう》紋で加飾されている。一方光秀の母の位牌は台座に桔梗紋が彫られている。ふたつの桔梗紋を比べると、光秀の桔梗紋の花弁は母の桔梗紋よりほっそりして、中央の葉脈が長い。桔梗紋の形には時間差があり、光秀の位牌のほうが一時代古くなるだろう。

　光秀の母とされる位牌の表には「大原寺開基月峯宗桂尼大和尚」、裏には「永禄九年丙寅九月明智頼武建立　元禄八亥不立改之　慶長九年甲辰十月三日宗桂示寂」と刻まれている。不立は『兵家茶話』だけでなく、『続群書類従本明智系図』には光秀の子として登場する全国版の光秀伝説と深く関わった人物だ。この位牌が、月峯宗桂なる人物を光秀の母であるという次なる伝説を派生させたのだろう。さらに、ここに明智頼武なる人物まで登場するのは見逃せない。美濃国最後の守護土岐頼芸《よりのり》の兄で軍記物では政頼とされる人物の実名と共通するからだ。頼武は斎藤道三の父、長井新左衛門尉と手を組んだ頼芸に美濃守護を奪われ、いつどこで亡くなったかもわからない謎の人物である。頼武が最後に所在が確認される汾陽寺（関市）と頼武の居城大桑《おおが》（山県市）のほぼ中間に白山神社があるのは偶然だろうか。美山の光秀伝説は土岐伝説と手を組み進化していく。荒深家本家の系図は現存しないが、その写によると、光秀の父が基頼で、その父は成頼。政房と争いこの地に逃れたという。この基頼は史実では政房と対立し舟田の乱で殺害された元頼をモデルにしていることは間違いない。光秀が生き延びたというアナロジーが土岐伝説と結びついたのである。

この写には光秀の母は中洞源左衛門という中途半端な書き込みがある。光秀の母の出自まで中洞地区に結びつけ、光秀生誕伝説が生まれたのは、もともとの系図が作成されたより時代が遅れるはずだ。それは、江戸時代の後期から明治にかけてのことだったように思う。大正4（1915）年に刊行された土岐琴川の『稿本美濃誌』は、大永6（1526）年8月15日、中洞源三左衛門の長女が土岐基頼に嫁して光秀をこの地で生んだことが記されている。小栗栖《おぐるす》（京都市伏見区）で光秀の身代わりとして死んだのは実在する荒木山城守で光秀は荒木氏の恩を忘れないため荒深又五郎と名乗ったことが記されている。現在、桔梗塚のすぐ横に大正10年に建てられている「光秀卿古墳縁由碑文」は、『稿本美濃誌』の記述に沿ったものだが、光秀の母についての記述が増えている。光秀の母は懐妊中、武芸川に水ごり（水行）して天下に将たる男子を得んことを、然らずんば秀麗の女子を生まんことを神仏に祈願したこと、土岐家が滅亡した天文11（1542）年中洞に逃れ仏光山西洞寺の尼として土岐家の菩提を弔ったことが記されている。

仏光山西洞寺は『兵家茶話』に登場する寺院名で現在白山神社に残る位牌に記された大原寺が同一のものであったのか、それとも系図写にある頼武が最初に創建したのが西洞寺で、後に母と共に建立したのが仏光山西光（洞）寺であったのかは不明である。いずれにせよ「光秀卿古墳縁由碑文」が建てられた時代には現在西洞地区で伝えられている伝説の骨格が完成していたことがうかがえる。産湯の井戸、屋敷跡、光秀の母が祈った行徳岩などさまざまな伝承地もそのころ整備されたのだろう。

光秀に関わる伝説は全国でも断片的にしか伝わっていない。ところが、西洞地区の例はある程度それがどのように進化していったかをうかがわせる貴重な例である。

光秀伝説の宝庫

岐阜県でもっとも数多く光秀ゆかりの伝説を伝えているのは揖斐川町上南方《かみみなみがた》地区である。かつて桂の郷と呼ばれたこの地区は西国三十三所満願の地である華厳寺への西方からのルート上にあり、揖斐川の舟運も使えることから桂千軒と呼ばれるほどの賑わいをみせていたという。桂の郷のすぐ南には揖斐城が築かれた標高２２０メートルの城台山があり、かつての大手道は山の北側であったという。

若き日の光秀が桂の郷を拠点とする山岸家の養子となった叔父光信のもとに身を寄せた際、その娘千種と恋仲になり子どもが生まれ、その子は山岸姓で育てられ『美濃国諸旧記』

が記された時代には子孫が西美濃に居住していたという。明智落城後、光秀は再び山岸氏のもとを訪れ、妻子を預け、越前へ赴いた。その他、現在も残る巨岩「重ね石」を動かした林半四郎を光秀が諫《いさ》め元に戻させ、さらに家臣に取り立てたこと、揖斐落城後、揖斐光就の嫡男を光秀が近江坂本で育てたこと、山岸光信の女婿《むすめむこ》揖斐貞行やその子貞次が光秀に仕えたこと、足利尊氏の伯母千代野禅尼ゆかりの千代河戸を題材にして光秀が詠んだという和歌「遥々と千代の古跡踏分けて　とはでか行かん山岸の里」も伝えられている。

いずれも、『美濃国諸旧記』に記された伝説である。歴史的信ぴょう性について議論する余地はない。しかし、なぜこの地区に光秀伝説が集中するかについて考えてみる価値はあるだろうし、桂八幡神社に光秀が祀られていたという記事は『美濃国諸旧記』の著者にとっても直接取材することのできる同時代の記録といえるだろう。

桂の郷地区に残る光秀伝説の大半は山岸氏および揖斐氏と深く関わっている。現在、桂の郷地区に居住していないが、山岸氏や揖斐氏の子孫が伝説の形成に一役買った可能性がある。特に、揖斐氏と光秀の関わりについては光秀の越前滞在にあわせて後に再び触れることにしよう。

桂八幡神社（揖斐川町上南方）

現在の桂八幡神社には揖斐氏が統治していた時代、武士たちが戦勝を祝い士気を鼓舞したことに由来するという桂古代太鼓踊り（揖斐川町重要無形民俗文化財）で有名である。現在、光秀を祀ったという直接的な痕跡は残っていない。同社はもと産土《うぶすな》神の天神を祀っていたが、南北朝時代土岐頼雄（初代揖斐氏）が清和源氏の一族であることから氏神として八幡神を勧請したという。

清和源氏の興隆に力のあった源満仲の霊廟を築き、併せて頼光・頼信・頼義・義家も祀られていたという。清和源氏の子孫で不遇の最期を遂げた光秀を慰霊のためひそかに祀りやすい環境にあったことは確かだろう。昭和7（1932）年に作成された桂八幡神社の報告書には光秀が山岸氏に寄寓した際、武運を祈り奉納したという刀が宝物として伝わっていたことも図入りで紹介されている。この刀は宝暦年間（1751～1764）の火災で焼けてしまったが、昭和7年の時点では焼けた刀が残っていたのである。

最近、多治見市の長福寺から発見された正安3（1301）年ころの奉加帳に明智兵衛太郎なる人物が登場することが明らかにされた。これまで、江戸時代に作られた明智系図で、明智氏初代とされてきた頼重より二世代は先行しそうである。今後の研究に期待したい。

第2章　越前流浪

なぜ光秀が越前にいたのか

光秀の前半生については、美濃で生まれたらしいことを除くとわからないことだらけだ。光秀のほぼ確かな足跡の第一歩は北陸の時宗の拠点寺院で新田義貞の墓所があることでも知られる長崎称念寺（福井県坂井市）である。『遊行三十一祖京畿御修行記』という同念上人が天正６（１５７８）年から同８年にかけて伊豆から大和までをめぐった記録がある。その中に南都での修行を領主の筒井順慶に便宜をはかってもらうため、順慶に強い影響力を持っていた光秀にかねて知り合いの六寮（称念寺住職だったと考えられている）を派遣する記述があり、「光秀を濃州土岐一族の牢人で、もと明智十兵衛尉といい、朝倉義景を頼み長崎称念寺門前に十年ほどすんでいた」と記しているからだ。光秀の文書の中にも、越前に古くからの知り合いがいたことをうかがわせるものがあり、光秀の越前流浪はゆるがないだろう。この称念寺には以下のような逸話が伝わっていた。同寺の住職が光秀と朝倉家家臣の間をとりもつため連歌会を催そうとしたが、光秀にはその資金がなかった。そ

光秀が門前に滞在したという称念寺境内（福井県坂井市）

こで、光秀の妻が自らの黒髪を売って連歌会の費用にして、その連歌会の縁で光秀が朝倉家に仕官できた、というものだ。江戸時代「奥の細道」の旅の途中、称念寺を訪れた松尾芭蕉もその逸話を知り、伊勢山田の又玄宅を訪れ、又玄から貧しいながらもせいいっぱいのもてなしを受けたことに感激して、「月さびよ明智が妻の咄《はなし》せむ」という一句を残した。

ちなみに、明智落城の後、光秀は妻子を『美濃国諸旧記』では桂の郷に住む山岸光信に、『明智軍記』では越前長崎称念寺に預け、諸国漫遊の旅にでかけたことになる。『明智軍記』は光秀が美濃時代から長崎称念寺の僧と所縁があったと記している。時宗は全国を旅しながら布教修行する遊行《ゆぎょう》を特徴とする。称念寺門前に住まいしたことで、同寺を訪れた全国からの遊行僧たちと交流し、居ながら全国のさまざまな情報を収集することができたに相違ない。

ところでなぜ光秀は越前に滞在していたのだろう。戦国時代の越前と美濃は深い関わりがあり、越前の朝倉氏と美濃の土岐氏は重縁の間柄だった。そのため、美濃国内の政治闘争に敗れた土岐一族は繰り返し朝倉氏を頼って逃げ込んでいる。美濃最後の守護となった頼芸の兄頼武やその子頼純も朝倉氏のもとで再起を図った時期がある。しかし、光秀が斎藤道三に仕えていたとすれば、いくら土岐氏の一族といえど、守護土岐氏を美濃から追放した道三配下の人物が逃げ込める場所ではなかったはずだ。むしろ、道三に敵対していたからこそ、越前を流浪先として選ぶという選択が可能になったのではないだろうか。前章でも紹介した18世紀初頭までにつくられた『土岐定政伝』では、定政は光秀の従兄弟であるとし、定政の父は天文21（１５５２）年斎藤道三と戦い討死したと記している。無論この記事をすべて信用することはできないが、天文21年といえば、斎藤道三が土岐頼芸を美濃から追放した戦いがあった年である。この戦いで光秀も定政の父とともに道三と戦い敗れ越前に逃れることになったと考えるのはどうだろう。

もし、光秀が道三シンパで、かつ信長の正室と従兄妹であったとしたら、道三没後の避難先は尾張以外考えられない。かなり早い段階で信長のもとに馳せ参じていたはずである。信長の美濃攻略は主として武力に頼ったものでなく、「自分の子どもがいずれ信長の門外に馬をつなぐ（信長に仕える）ことになるだろう」という道三の予言や美濃一国を道三が信長に委ねたといった情報操作によって、斎藤家家臣団の内部からの順次切り崩しが功を奏したものである。永禄3（1560）年、信長の上洛には道三の娘が正室だったという金森長近や蜂屋頼隆がすでに信長に近侍していたし、永禄4年義龍が急逝するとその流れは加速し、永禄8年までには道三の末子、利治も幕下に加わった。永禄10年、稲葉一鉄・安藤守就《もりなり》・氏家卜全《ぼくぜん》が信長に内応を伝えてきた時点で、信長の美濃攻略は実質的に達成されたのである。

光秀が越前に住していたころ、土岐氏のある有力者も朝倉氏に保護されていたことがわかる。道三2代説の根拠として有名な『六角承禎条書』には、永禄3年、頼芸は近江の六角氏、光親が越前の朝倉氏のもとにあり、六角氏・朝倉氏そして尾張の織田氏との間で、美濃への軍事介入が協議されていたことがわかる。光親は揖斐光親として知られる守護頼芸の弟である。軍記物では、義龍方として明智城攻めに参戦しているのだが、実際には、頼芸の国外追放にあわせて美濃から脱出したと考えてよい。その光親に光秀も同行したのではなかったろうか。先に触れたように『美濃国諸旧記』には、光親の居城のあった揖斐城のすぐ北の桂の郷に多数の光秀伝説が残っているのは光秀と揖斐氏に強い結びつきがあったからだと思う。

光秀が光親と行動を共にしていたとすれば、越前に逃れ土岐氏再興をめざす光親のもとで、かつて土岐一族の中でも名門だった明智の名跡を光秀が引き継いだという想像も可能だろう。光秀の光は光親にちなんだものだったのかもしれない。主君が配下の者に、名前の一字を与えることを偏諱《へんき》とよび、実名の二字目を与えるのが一般的であるが、戦国時代には、家康の嫡男、信康の信は信長にちなんだものだったし、信長直系の孫、秀信や家康の次男、結城秀康の秀は豊臣秀吉の秀に由来するものだったように、一字目を与えても問題ないだろう。『明智軍記』では、光秀は諸国を漫遊し、朝倉氏に仕え、永禄９年になって信長の招きに応じ、岐阜に戻ったとするが、確かな史料では裏付けがとれない。

幻の田中籠城

光秀が越前に逼塞《ひっそく》していたころ、光秀の運命を大きく変える事件が起こった。永禄8（1565）年5月19日、松永久秀の子、久通と三好三人衆は清水寺参詣を名目に集めた軍勢を率い将軍義輝の二条御所に押し寄せたのである。義輝は側近の奉公衆と共に自ら刀をとって奮闘したが、衆寡敵せず殺されてしまう。この時、義輝の弟、後の義昭は奈良興福寺一乗院の門跡で覚慶と号していた。松永・三好三人衆は出家している覚慶を殺害せず幽閉したが、7月には奈良を脱出し、近江甲賀郡の和田惟政《これまさ》を頼り、さらに11月には六角氏の保護のもと矢島（滋賀県守山市）に移り、還俗して義秋と名乗ることになった（義昭と名乗るのは永禄11年からであるが、以後義昭と表記する）。義輝襲殺はかつて義輝に拝謁したこともあり、美濃攻略をすすめていた織田信長にもショックを与えた。同年9月、信長は「麒麟《きりん》」の麟の字をデザインした花押を使い始める。麒麟は平和な世の中に現れる中国の幻想獣で、信長は自ら戦乱の世を終結させ麒麟を連れてこようと誓ったのである。

矢島に逃れた義昭は松永久秀や三好三人衆に牛耳られている都に復帰するための運動を展開した。六角氏は義昭を保護する姿勢は見せながらも、三好三人衆に表立って敵対し兵を進めることには及び腰で、越前の朝倉氏、若狭の武田氏もこの動乱に軍事介入する覇気に欠けていた。この時、義昭がもっとも期待を寄せたのは越後の上杉謙信と尾張の信長であった。謙信は永禄２年に上洛し義輝に拝謁したこともあったが、武田信玄と永禄７年まで数度、川中島で戦ったものの決着はつかず、敵対関係は続いており、畿内に大規模な軍事介入する余裕がなかった。一方、信長は美濃斎藤氏との抗争は続いていたものの、義昭からの要請に応じる姿勢をみせる。この時、義昭と信長そして斎藤氏との調停役となったのは細川藤孝と和田惟政で、永禄９年４月には美濃と尾張の停戦協定が結ばれるまでになった。藤孝は再度、尾張に下向し、近江との調整もととのったので急いで義昭のもとに参陣するよう督促し、７月には奈良でも、８月22日には信長と共に義昭が入洛すると噂まで流れる状況になった。しかし、肝心の信長は一向に上洛の軍を起こす気配を見せず、８月29日には美濃との停戦協定を無視し、美濃・尾張の境目、河野嶋（各務原市川島）へ出兵し、閏《うるう》８月８日には斎藤氏に大敗し、尾張に逃げ帰ることになった。信長が一方的に義昭が仲介した尾濃同盟を無視することになったのは、京都を牛耳る三好三人衆が近江の六角氏や美濃の斎藤氏に義昭の動きに同調しないようさかんに働きかけていたことを察知したためだろう。信長がもし義昭との兼約に従って矢島まで参陣したところで、京都の三好三人衆、近江観音寺城（近江八幡市）の六角氏から挟撃されれば、信長軍はひとたまりもなく壊滅せざるを得なかっただろう。事実、六角氏は信長が出兵した8月29日に三好方に同調する動きをみせた。それを知った義昭は急ぎ矢島を脱出し、若狭を経て9月7日には越前敦賀に拠点を移している。

光秀が細川藤孝と接触を持ち、足利義昭と織田信長の調停に関わるようになったのは、義昭が朝倉氏の拠点、一乗谷に移る永禄11年からと今まで考えられてきたが、近年それを覆すかもしれない史料が熊本で発見された。

細川家に家老として仕えた米田家に伝来したもので、その祖先の米田貞能は、足利義輝・義昭に医術で仕え、永禄8年、義昭の奈良脱出から越前への逃避行にも随行している。新発見の文書は義昭が矢島から逃亡する前日に伊賀や山城の国人衆に宛て義昭の上洛に協力するようよびかけたもので、実際に出されることなく、反古紙《ほご》として医薬書に転用された

（村井祐樹「幻の信長上洛作戦」『古文書研究』78号、２０１４年）。反古にされたもともとの文書に光秀の名があるわけでなく、医薬書の奥書に登場する。

医薬書は『針薬方』と『独見集』という2種類あり、『針薬方』には、明智十兵衛尉が高嶋田中籠城の際、口伝したという沼田勘解由左衛門尉の所持本を、永禄9年10月米田貞能が近江坂本で写したという奥書がある。もしこれが事実であれば、光秀の確実な史料における初見である。稲葉継陽氏はそれをふまえて、光秀が遅くとも永禄8年以前に京都と若狭・越前とを結ぶ交通の要所である琵琶湖西岸をホームグラウンドとしていたと主張した（稲葉「明智光秀論」『細川ガラシャ』熊本県立美術館、２０１８年）。稲葉氏ほどでないにしても、近年、米田文書の記述を肯定的にとらえる研究者が多くなってきたように思う。

田中城は高島市安曇《あど》川町にある比高差わずか60メートルの山城である。『信長公記』には、元亀元（１５７０）年4月21日、越前征伐に向かう織田信長が宿泊したこと、天正元（１５７３）年7月26日、信長が大船を使って当時浅井長政に占拠されていた木戸城（大津市）と田中城を攻め、開城後は光秀に与えたことが記され、湖西地区での戦略的拠点だったことがうかがえる。『針薬方』に登場する沼田勘解由左衛門尉も、田中城と近距離にある福井県若狭町の熊川城主沼田氏の一族で後に紹介する『永禄六年諸役人附』にも登場し、義昭に仕えたこともわかる。そのあたりを考えると、『針薬方』の奥書はかなり信ぴょう性が高いといえそうだ。

しかし、最大の難点は永禄9年10月という年月だ。先に記したように、米田貞能が仕えていた義昭は8月29日に矢島を脱出し9月7日には越前敦賀に移っていた。10月はより安全な朝倉氏の本拠一乗谷へ居を移すため朝倉義景と交渉をすすめていたころだろうから、米田貞能が反故紙をかかえて近江坂本のあたりに滞在していたとはにわかには信じられない。そのことは村井氏も認めているようで、後に貞能がなんらかの理由で、永禄9年に仮託して奥書を記した可能性も指摘している。村井氏は永禄9年11月、米田貞能が美濃に細川藤孝と共に下向した際、長井雅樂助《うたのすけ》が伝えたものを写したという『独見集』の奥書についても検証している。その論証は永禄7年信長による岐阜落城説を擁護したり、従来永禄8年と考えられていた12月5日付細川藤孝宛信長書状を永禄9年のものと主張し、貞能が細川藤孝と共にすでに信長の領国となっていた美濃へ下向し、信長そして長井雅樂助に会ったと考えたのである。

この書状の内容は、義昭が上洛するにあたり、重ねて義昭から送られた御内書を謹んで拝謁し、たびたびお請けしたように、命令があり次第すぐにでも供奉する意志を表明し、越前の朝倉氏、若狭の武田氏にも義昭から出兵を命ぜられるのがよいでしょう、というものである。この書状の内容だけでは年代比定はむずかしいように思えるが、村井氏は義昭が若狭・越前方面と関係を持つようになるのは、永禄９年閏８月以降と主張している。

そこで使われている信長の花押を検討してみることにした。永禄10年までは信長も自筆で花押をすえているので、それぞれに微妙な変化を見い出すことができるからだ。図1-1は12月５日付細川藤孝宛信長書状、図1-2は永禄８年９月、麟の字花押の初見のもの、図1-3は永禄９年４月、図1-4は永禄９年７月、図1-5は永禄９年11月、図1-6は永禄10年９月のものである。

これらの花押を比べてみると、左下の折り返し（A）が直線的に逆Z字型から曲線的なS字型に変わり、右側と左側を結ぶ線（B）が登場するのは永禄９年４月、下部に逆三角形の線（C）が登場するのは永禄９年７月ということになる。このタイプのものが整えられて永禄10年まで使われていたことがわかるだろう。問題の細川藤孝宛信長書状が永禄９

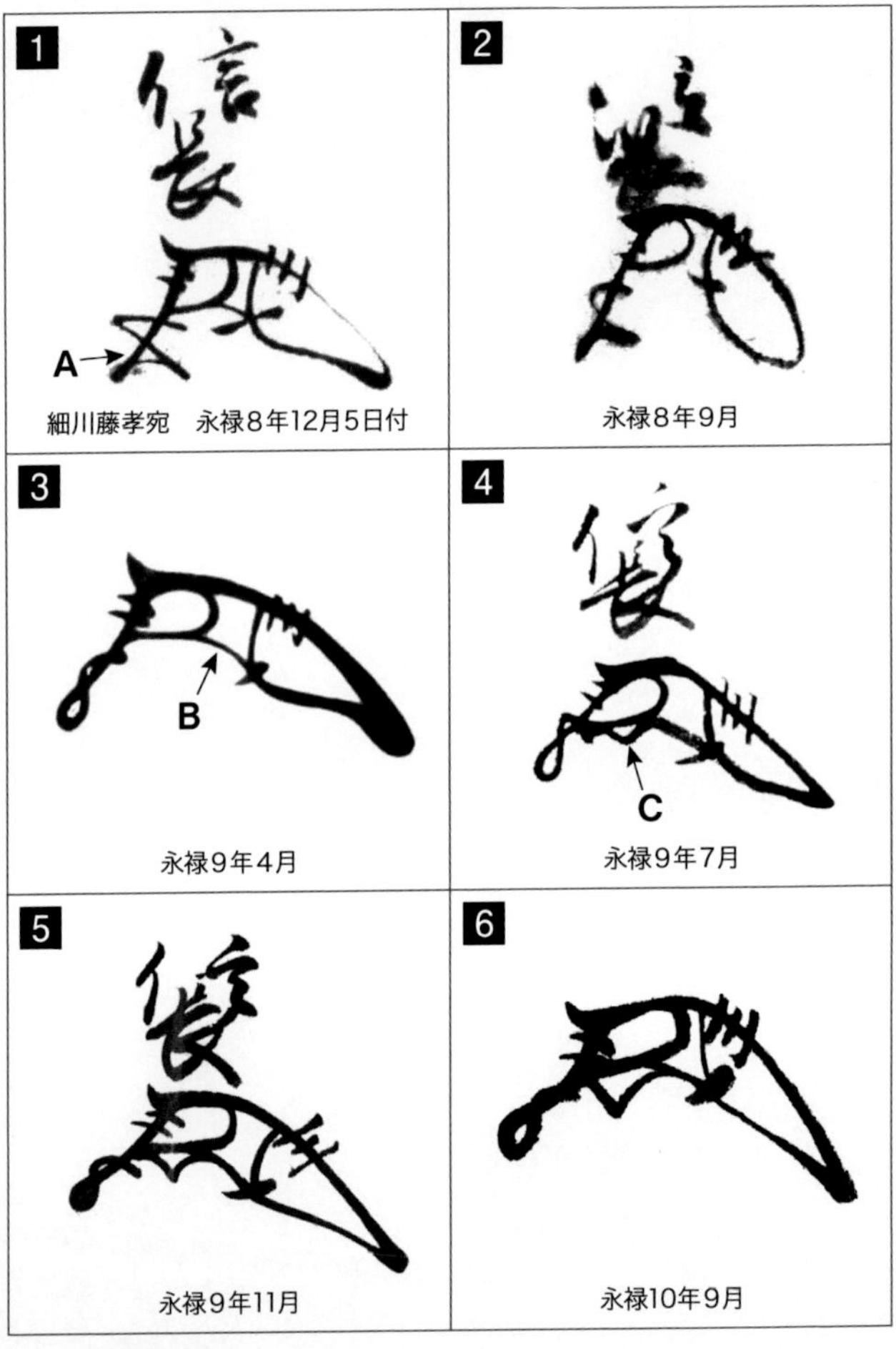
1
A
細川藤孝宛　永禄8年12月5日付
2
永禄8年9月
3
B
永禄9年4月
4
C
永禄9年7月
5
永禄9年11月
6
永禄10年9月

図1　信長の花押

年12月のものだったとしたら、図1-4～1-6までのタイプと同様なものでなければならない。ところが、図1-1のAは直線的逆Z字型で、Bの線はあるものの、Cの逆三角形は見られない。型式学的にいえば、図1-2（永禄８年９月）と図1-3（永禄９年４月）の中間にあるべきもので、やはり永禄８年12月のものだろう。

『独見集』の奥書の信ぴょう性を論証することで、『針薬方』の奥書の信ぴょう性に敷衍《ふえん》する村井氏の論考は無理筋と言わざるを得ない。現時点で米田文書の奥書をそのまま信用するわけにはいかないだろう。

信長の上洛作戦

光秀が美濃から越前へ脱出した後、一時朝倉氏に仕えていたということは先にあげた『遊行三十一祖京畿御修行記』からもうかがえ、ある程度信用してもよいだろう。朝倉氏の城下町「一乗谷」の外側にはなるが、光秀の屋敷があったという福井市東大味には「あけっつぁま」と呼ばれる祠があり光秀の木像を３軒の農家が守り続け、現在は明智神社と呼ばれている。後に信長が越前の一向一揆を掃討した際、光秀はこの地区の住民を気遣い、柴田勝家、勝定に保護を働きかけたという。

敦賀に朝倉義景を頼って足利義昭一行がやってきたことが、光秀を歴史の表舞台へ引き上げるきっかけになったことは確かだろう。

光秀が信長に仕える以前、細川藤孝のもとにいたということはいくつか同時代の史料に見える。宣教師ルイス・フロイスは「信長の宮廷に惟任日向守殿《これとうひゅうがのかみ》、別名十兵衛明智殿と称する人物がいた。彼はもとより高貴の出ではなく、信長の治世の初期には、公方様の邸の一貴人兵部大輔（細川藤孝）と称する人に奉仕していたのであるが、その才能、深慮、狡猾《こうかつ》さにより、信長の寵愛を受けることになり、主君とその恩恵を利することをわきまえていた」と記し、奈良興福寺多聞院の英俊も「惟任日向守……細川の兵部太夫が中間（主人の身のまわりの雑務に従事する武士の最下層）にてありしを引立、中国の名誉に信長厚恩にて召遣わさる」と記している。

光秀が藤孝と接触をもったのは、藤孝が奔走した幻の信長上洛が失敗し、義昭側としては藤孝も含め全力で上杉謙信の上洛を働きかけていた時期で、義昭周囲では義昭お声がか

城下町全体が良好に遺存している一乗谷朝倉氏遺跡の朝倉氏居館跡
（福井市城戸ノ内町）

りの尾張と美濃の停戦を破棄した信長への不信はぬぐいきれず、表立って動けない藤孝に代わって美濃出身の光秀が信長との連絡役になったのではないか、というのが谷口研語氏の見解である。

一方、信長は永禄9（1566）年閏8月、河野嶋で斎藤方に大敗したものの、翌年には美濃三人衆稲葉一鉄・氏家卜全・安藤守就への調略をすすめ、9月には稲葉山城の斎藤龍興を追放し、美濃を手に入れた。信長は周の文王が拠点とした「岐山」、殷《いん》を滅ぼした武王の弟、周公旦《しゅうこうたん》が封じられた、孔子の生誕地でもある「曲阜」にちなみ、井口とよばれていた城下町を岐阜と改めることになる。美濃を併呑することによって、信長にとってようやく京都への道が現実のものとして見えてきたのである。

信長が一旦自ら破棄したことになる義昭方と再交渉を決意したのは岐阜入城から2か月たってからと思われる。そのシグナルとして11月から信長が使い始めたのが、天下布武印だったろう。「天下布武」は『礼記』にある「堂上接武、堂下布武」のパロディだ。「礼記」の意味は、天子のひかえる堂の上では足を接するように小股で歩き、堂の下では布巾で大股で歩くという意味である。天下布武を訓読すると「天下は武を布く」となり、そのままの意味は、天の下を大股で歩こうというものだ。但し、この印文はもともと禅僧が信長にアドバイスしたものであったといわれ、単純にひとつの意味であったわけではない。この印文を左から「布武天下」と読むことで、「天下に武を布く」という訓読も成立する。今日、漢文に接する機会が少なくなり、「天下布武」で「天下に武を布く」と訓読することも多くなったが、江戸時代の書では「布武天下」と記しているものも多い。そう訓読みすることで、義秋にとって、天下（京都）に武家の代表である将軍（義昭）を配置する、というキャッチフレーズとしてうつったはずだ。少なくとも、信長が武力で天下を統一する、というメッセージだったとしたら、一度裏切られた義昭がふたたび信長を信用しようとは思わなかったはずだ。永禄11年4月、義秋は一乗谷で義昭と改名し、翌5月には朝倉義景が自らの邸宅で義昭を饗応《きょうおう》した。このころには義昭の腹はふたたび上洛への想いを信長に賭けることに決まっていただろう。

将軍足利義輝に仕えた室町幕府の職員録『永禄六年諸役人附』という史料には足軽衆の一人として明智が登場する。但し、この部分は義輝時代のものでなく、永禄10年から翌11年にかけて足利義昭が上洛する直前の記事が混入したものと考えられている。この明智こそが光秀で、歴史上確かな史料の上限であると近年まで考えられてきた。なお、この時代の足軽は雑兵と結びついた江戸時代の下級武士の足軽でなく、戦場で稀有の

岐阜市の瑞龍寺が所蔵する天下布武印
（信長朱印状部分）

働きを期待された精鋭部隊の兵士という意味である。もともと、細川藤孝のもとで、ひそかに信長との交渉にあたっていた光秀であったが、交渉が正式ルートにのぼったことで、義昭としても光秀を自らの配下として位置づける必要があったためと考えられている。

信長の戦略にのせられた義昭は永禄11年7月中旬一乗谷を後にする。

第3章　光秀都へ

義昭上洛

足利義昭を越前から迎えるため、信長が岐阜から使者として送ったのは和田惟政、不破光治、村井貞勝、島田秀満だった。惟政はすでに前年から信長の意をうけて家臣のように動いている。先に米田文書をあつかった際紹介した永禄8（1565）年12月5日付細川藤孝宛信長書状にも和田惟政が「申し上げらるべき旨」とあり、一貫して義昭と信長の間を調停している。義昭上洛後、甲賀出身でありながら、摂津三守護の一人に任じられただけでなく、イエズス会側の史料では「都の副王」と呼ばれ、京都周辺の政務にも関与するようになったのは、一連の働きが評価されたのだろう。光秀も後に信長、義昭二人に仕える両属性が指摘されるが惟政も同様だったろう。7月25日、義昭一行を立政寺（岐阜市）に迎えた信長は末席に銭を千貫積み、太刀、鎧、武具、馬などを進上して歓待した。義昭の取り巻きの中に、足軽という身分を得た光秀が加わっていたことは確かだろう。

8月7日、信長は義昭の使者と共に近江の佐和山まで出向き、7日間にわたって観音寺城主六角承禎と義昭の上洛に協力するよう協議するが不調におわり、9月7日信長は上洛の軍をおこした。13日の観音寺落城を待って、義昭は21日に美濃を発ち、22日には桑実寺（滋賀県近江八幡市）に着いている。

細川藤孝と和田惟政は23日に1万の兵を率いて入京した。信長が義昭と共に上洛したのは26日であるが、この日藤孝は信長の右筆《ゆうひつ》でもあった明院良政と共に御所の北門を警護している。その後、信長と義昭は芥川（大阪府高槻市）に向かいしばらく滞在するが、10月10日、藤孝は和田惟政、佐久間信盛とともに奈良に出向いているので、光秀もそれに従ったであろう。近畿の敵対勢力をひとまず駆逐した信長が京都に戻ってきたのは14日で、義昭は本圀寺に入り、18日に征夷大将軍に任ぜられることになる。24日、岐阜に帰還するため義昭のもとに暇乞《いとまご》いした信長に対して、義昭は武勇天下第一ともちあげた感状を与えた。信長を御父織田弾正忠《だんじょうのじょう》殿と呼んだのもこの時で、信長と義昭の蜜月関係の絶頂期だった。

義昭に仕える身であった光秀も都に居を構えただろう。光秀が義昭と信長の間をつないだとしても、和田惟政のように表だってのことではなく、それによってステータスが急に高くなるということはなかった。この時、信長家臣の一部も残務処理のため京都にとどまっている。明院良政もそのひとりである。良政は信長の秘書室長といった役柄で、事務処理能力を買われての抜擢だったが、もともと信長が発給する文書を実際に筆をとって作成する右筆でもあり、本来であれば、信長と行動を共にすべき立場だった。前年には、斎藤家に仕えていた武井夕庵が右筆団に加わり、「天下布武」印にも関与し信長からの信任も厚くなっていった時期だったので、内心は複雑な思いだったに違いない。

そんな良政を主賓にすえた連歌会が11月15日に開かれている。この会を実質的に取り仕切ったのは本能寺の変直前の愛宕百韻でも登場する里村紹巴《じょうは》でこの時代の連歌界のスーパースターである。発句は良政、そして細川藤孝が脇句をつとめたこの会の連衆に光秀も名を連ねている。確実な光秀の初見史料だ。光秀は藤孝との縁で加わったのだろうが、正確な立ち位置はわからない。藤孝は当時から和歌、連歌に堪能で弘治年間（1555～1558）からしばしば連歌会に名を連ねた一流文化人として認められていた。この時の百韻で良政、藤孝はそれぞれ10句であるのに対して光秀は6句でやや少ないようにも見えるが、連歌会に呼ばれることじたい、光秀の文化的実力が高評価されていたからだろう。

本圀寺の変

信長に仕えた太田牛一が著した『信長公記』で光秀が最初に登場するのは、永禄11（1568）年1月4日のことだ。信長が上洛するまで京都を牛耳っていた三好三人衆と信長が美濃から追い出した斎藤龍興と長井隼人が京都に侵出し、その翌日義昭の滞在している本圀寺を襲撃したのである。この時、本圀寺を守った武将たちのひとりが光秀であった。さらに、赤座永兼《ながかね》兄弟、坂井直政・森弥五八ら斎藤家旧臣や光秀同様、義昭の足軽で美濃出身の可能性もある野村越中の名もある。この時、京都近郊の勝龍寺（長岡京市）にいたと思われる細川藤孝ですら、三好三人衆らの動向をキャッチできず、翌日、あわてて駆け付けるありさまであった。なぜ斎藤家旧臣たちが、いち早く本圀寺に立てこもることができたのだろう。信長が岐阜入城した永禄10年9月、それ以前から信長に内応していた美濃の武将たちを除くと、龍興と共に美濃を離れた者たちも大勢いただろう。もちろん、忠誠心から龍興と行動を共にした武士も多かったに違いないが、内心帰郷のチャンスを待ち望んでいた者もいたのではないだろうか。彼らが旧知の光秀に三好三人衆の襲撃を伝え、本圀寺で旧主斎藤龍興と戦うことで、信長に服従する証しを見せようとしたのではなかったろうか。

この事件はその２日後に信長のもとに伝えられ、信長は即座に雪の中京都に向かった。通常３日路のところを２日で本圀寺にたどり着いた際、信長に付き従っていたのはわずか10騎だったというエピソードも知られている。本圀寺襲撃の情報を信長にいち早く伝えたのが光秀だった可能性もあるだろう。それらの功績で、斎藤家の旧臣たちは信長家臣としてふたたび美濃に帰還することができ、光秀は信長からの厚い信認を得たのではなかったろうか。

入京４日後、信長は室町幕府殿中掟九ケ条を義昭に認めさせ、さらに２日後七ケ条を追加した。この掟書によって、信長は義昭の手足をしばることになる。ふたりの関係が微妙なものになっていく第一歩である。それでも、信長は本圀寺の変を教訓に新たな将軍邸の必要を感じた。『言継卿記《ときつぐきょうき》』によれば、２月２日には始まっていた二条城の造営には尾張・美濃・伊勢・三河・近江・伊賀・若狭・山城・大和・丹後・摂津・河内・和泉・播磨14か国から人員が動員された。信長はそれを陣頭指揮し、宿所も工事現場に仮設されていたらしい。信長が妙覚寺（京都市上京区）へ移ったのは4月13日で、その翌日に義昭は新しい御所に移ることになった。御座所も櫓《やぐら》だったというので、それまでの伝統的な檜皮葺《ひわだぶ》き平屋の御殿と築地塀に囲まれた将軍邸とは異質な石垣で囲まれ、高層建築の櫓に住居機能をもたせた新しい時代の城郭が京都に誕生したのである。4月21日、信長は京都をあとにするが、義昭は門の外まで出向き、さらに東の石垣の上にのぼり、信長の軍団が粟田口に入るまで見送っていた。

そのころ、光秀に関する文書が京都周辺で残されるようになる。4月14日、木下秀吉と賀茂庄中に宛てた連署状が確かな光秀発給文書としては初見になる。続いてその2日後、木下秀吉・丹羽長秀・中川重政・光秀4人の連署状が立入宗継（隆佐）、梶又左衛門、広野孫三郎3人に宛てて立て続けにだされている。この4人のチームは翌年4月まで活動している。信長家臣たちとの連署状では一番重要な人物の名が記されることの多い最後尾が光秀の定位置である。その前年まで、確かな文書には直接名前を残せなかった光秀がいきなり信長政権の重鎮たちと伍《ご》して活躍できるようになったのであった。

五ケ条の条書

光秀が信長家臣として活躍するようになったころ、もうひとり風変わりな履歴をもつ人物が信長に登用された。出雲の尼子家旧臣、日乗上人である。日乗は巧みな弁舌で弘治年間には朝廷に取り入ったが、永禄11（１５６８）年、信長が上洛すると、朝廷と信長の連絡役として起用され、さらには将軍義昭にも重用されるようになった。イエズス会の記録によると、永禄12年には、将軍が重大事を決定する際、日乗の意見と助言を徴することとされたほか、内裏修築なども委ねられた。同年５月には京都周辺でなにか不正のことがあれば、光秀か日乗に申し出るよう、信長から命じられたという。日乗の面白さは信長の方針でさえ自らの信念で平然とくつがえすことだ。この年に信長が認めたイエズス会の京都布教を、信長が岐阜に帰ると朝廷に働きかけ都から宣教師を追放する綸旨をださせた。あわてた宣教師ルイス・フロイスはそれを打開するため、岐阜行きを決意し、詳細な岐阜の記録を残すことになったのだから、岐阜市は日乗にも感謝しないといけないだろう。

日乗は信長と連絡調整するためこの年にたびたび岐阜を訪れた。二度目の岐阜来訪では、信長から伊勢で、千石の知行と曜変天目を受け取っている。天目茶碗の中でも曜変天目は最上の価値をもつものである。この曜変天目はかつて足利将軍家そして斎藤道三の手元にあったものに相違ない。

光秀も日乗同様、信長と会うため来岐する機会はあっただろうが、永禄12年の段階でははっきりしない。但し、山科言継が6月29日京都で、7月10日には岐阜で明智市尉なる人物と会っている。言継と顔見知りで京都と岐阜を行き来する明智姓の人物であるから、光秀のことかもしれない。7月12日に明智十兵衛の名が『言継卿記』に記されてからは、明智市尉はでてこなくなる。光秀の来岐が確かなのは。翌年の1月26日である、これも『言継卿記』からで、この日光秀が美濃に下向していたことがわかる。この時は、日乗ともども信長に呼びつけられたようだ。

前年の10月11日、信長は上洛し、伊勢平定を義昭に報告したが、4～5日逗留しただけで、岐阜に帰ってしまった。『多聞院日記』は信長が「上意（義昭）トセリアイテ下了ト」と記している。ふたりの対立はかなり深刻なものだったようで、正親町《おおぎまち》天皇も「信長にわかに帰国のよしおどろきおぼしめし候」と自筆の女房奉書を送り、信長の真意を探ろうとしたほどであった。岐阜に戻った信長は義昭との関係を見直し、義昭の文官である奉行衆を通じて牽制するのでなく、直接義昭の行動を監視しようと考えた。そして、翌年の1月23日、信長から光秀と日乗ふたりに五ケ条の条書が手渡された。内容は以下のとおりである。

条々

一　義昭が諸国に御内書を以て命令する事情があれば、信長に命令して信長の書状を添えるようにする。

一　今まで義昭がだした下知はすべて無効とする。その上で思案して、施政方針を定める。

一　将軍に対して、忠節の人々に恩賞や褒美を与えたくても土地などがない場合、信長の分国から命令があれば提供する。

一　天下のことはいかようにも信長に任せ置かれたのだから、たとえだれであろうと将軍の意見もきかず自由に判断して成敗する。

一　天下御静謐《せいひつ》、禁中のことにたいして、常に油断してはならない。

この文書は斎藤家旧臣武井夕庵の筆によるもので、文案も夕庵によるものだろう。「天下」という言葉を信長が文書のテキストとして初めて使ってみせたものだ。「天下」は信長に委ねられたのであるから義昭の承認を得ずに成敗する、と信長は堂々と宣言してみせた。この「天下」を将軍が朝廷から与えられた京都周辺を平穏にする「天下静謐」権と関連づけて理解する考えが現在の主流だ。しかし、それならば第五条にわざわざ「天下御静謐」をうたう必要はない。信長にとっての「天下御静謐」はその直後にある「禁中の儀」同様、義昭に委ねてもかまわない相対的な「天下」なのである。

この条書は、義昭の自由な御内書発給の規制やすでに命じてしまったものの破棄など義昭にとって認めたくない事項だらけである。前年の室町幕府殿中掟では奉行衆の意見を尊重することなどやわらかに義昭の権力に歯止めをかけていたが、今度の五ケ条は義昭が自由に権力を行使することすべてを否定するもので、到底義昭にとっては受け入れがたい内容だった。その承認をとるという重大な任務が光秀と日乗に課せられたのである。どのような想いで光秀はこの文書を見、それを義昭のもとに届けたのだろうか。義昭にしても室町幕府殿中掟では将軍の召命を受けてからでないと殿中に参上する資格すらない「足軽」の光秀からこれを突き付けられた驚きはいかほどのものであったろう。しかし、この文書の冒頭には「義昭宝」という義昭の黒印がやや右肩さがりに捺され、将軍義昭がこれを認めたことを示している。義昭が苦虫を噛み潰したような表情で捺印する姿を眺めながら、光秀は信長と義昭の関係がすでに修復できないところまできていること、自らも義昭の元を離れ信長家臣として生きる選択しか残されていないことを察したであろう。

元亀の騒乱

信長は将軍義昭に突き付けた五ケ条と同日、畿内周辺の大名や諸将に触状を送った。「内裏の修理、将軍の用事、そのほか天下が平穏におさまるよう、信長が来月中旬に上洛するので、各々も上洛するように」という内容である。「天下のことは、誰にも相談せずに、信長が処理する」という五ケ条の宣言を実行したのだ。

信長が実際に上洛したのは、2月30日である。予定より遅れたのは、義昭が五ケ条の承認を当初拒んだからだろう。プライドの高いおぼっちゃま将軍があの五ケ条に唯々《いい》諾々《だくだく》と袖印を捺したとは到底考え難いからだ。信長も光秀から義昭承認の報告を受けるまで岐阜を動けなかったのではなかろうか。この時信長が宿泊地として選んだのは光秀屋敷である。信長の京都での定宿は本能寺や妙覚寺など日蓮宗寺院が多い。信長が家臣の屋敷を選んだのはこの年の光秀屋敷だけで、きわめて異例だ。信長の光秀に対する信認が厚かったと共に、義昭への対応を光秀とじっくり協議したいという思いがあったのではなかろうか。

この時、公家や義昭に仕える奉公衆たちが琵琶湖西岸の堅田・坂本、坂本から京都へ抜ける山中まで信長を出迎えている。信長が使ったのは中山道、現在の国道1号ルートでなかったのである。この時代、一般の旅人が京都から岐阜へ向かうには、山中道を使って比叡山の東、坂本へ行き、そこから舟を使って琵琶湖東岸の米原まで行くのが一般的だった。永禄12（1569）年、山科言継やルイス・フロイスが来岐したのもそのルートだった。後に光秀が城を築く坂本の重要性が十分うかがえるだろう。

上洛した信長は義昭の待つ二条城そして内裏に伺候した。信長と義昭はその後も鷹狩や猿楽で顔を合わせているが、まさに同床異夢《どうしょういむ》といったありさまだったに相違ない。前後して、畿内周辺の大名たちも続々と上洛してきた。信長の要請に応じてのことである。

『言継卿記』からは、４月14日信長がきわめてご機嫌斜めだったことがわかる。越前の朝倉義景が上洛要請に頑として応じなかったことの他に、そのころ朝廷で選定作業が進められていた改元問題がからんでいたかもしれない。この時は信長の意見が通りそうなかったからである。ちなみに、次の元号として候補に挙がっていたのは、明徴・寛永・乾徳・元亀・天正・建正・安化・明和であった。むろん、信長推しは天正だ。信長は改元の日を京都で祝うことなく、その３日前の４月20日、３万の軍勢を率い京都から出陣した。信長の要請で上洛してきた諸大名だけでなく、義昭の奉公衆、さらに飛鳥井・日野といった公家衆までも加わっている。義昭推しの元亀改元に対する信長の意趣返しと感じるのは筆者だけだろうか。この時の越前遠征軍の中に光秀もいた。光秀は若狭で信長と共に武田氏から歓待をうけたことを、義昭側近の細川藤孝らに伝え義昭に披露するよう依頼している。

越前遠征には奉公衆も加わっており、公式情報は逐一義昭のもとに報告されたろうが、より信長に親しく近侍できる光秀の立場を活かして、幕臣としても働くことが期待されてい

金ケ崎城跡は敦賀湾を一望する小高い山（福井県敦賀市）

たのであろう。

信長は琵琶湖西岸を進み、若狭を経由して、25日には越前敦賀の手筒山（天筒山）を攻略、翌日には手筒山とは峰続きで、日本海に半島状に突き出す金ケ崎城の朝倉景恒を投降させた。木ノ芽峠を越して越前中枢部へ進撃しようとしたところで、小谷城主浅井長政離反の報が信長本陣に届いた。後に元亀の騒乱と呼ばれる信長対反信長陣営の天下を賭した争いの開幕である。

信長は当初、妹婿でもある長政の離反を虚報として信用しなかったが、その後も方々から新たな情報がもたらされると、すぐさま撤退を決断する。信長は金ケ崎城に木下秀吉・

明智光秀・池田勝正を残し、近江の朽木（滋賀県高島市）を越え、４月30日亥の下刻（午後11時ころ）ようやく京都にたどり着いている。なお、光秀の金ケ崎籠城については、伝聞情報で確証はないというのが谷口研語氏の見解である。しかし、この情報は義昭の御供衆であった一色藤長が５月４日、後に光秀の丹波攻略に抗《あらが》った波多野秀治に送った書状によるものである。藤長は越前攻めに同行していた義昭の奉公衆からも情報を得ることができただろうからあえて疑わなくともよいと思う。光秀は金ケ崎の退《の》き口から直接京都へは戻らなかったようだ。光秀は丹羽長秀と共に石山城（大飯郡おおい町）の武藤友益のもとに派遣されたからだ。光秀たちは武藤の母を人質として徴し、石山城を破却して、５月６日に帰京している。光秀は金ケ崎からの帰路、どこかで長秀と合流したのだろう。その候補地として田中城はどうだろう。先に『針薬方』で紹介した沼田勘解由左衛門尉の本拠地は田中城から石山城へ向かうルート上にある熊川城（福井県若狭町）である。この時、沼田勘解由左衛門尉が光秀と共に田中城に籠城したのではなかろうか。

京都で陣容を立て直した信長はいったん岐阜に帰陣しようとするが、近江は浅井長政だけではなく、かつて信長に近江から追われた六角承禎まで息を吹き返し方々に放火を繰り返すといった無法状態に陥った。信長は京都から岐阜への交通を確保するため、手始めに稲葉一鉄父子・斎藤利三を守山（滋賀県守山市）に派遣した。利三は後に光秀に重臣として仕え本能寺の変でも重要な役割を果たすが、この時は一鉄の与力という立場だったのだろう。

信長は9日に京都を発ち、宇佐山城（大津市）に泊まり、同城を森可成《よしなり》に守備させ、13日には永原（野洲市）まで進出、ここには佐久間信盛を置き、さらに長光寺（近江八幡市）に柴田勝家、安土（近江八幡市）には中川重政を配置した。六角氏の残党に備え琵琶湖の東南岸を慎重に確保した信長であったが、20日、いざ甲賀から千草越え（東近江市甲津畑町から三重県菰野町大字千草）で伊勢に抜けようとした際に六角承禎に雇われた杉谷善住坊に狙撃されている。

岐阜に戻った信長が家康と共に岐阜を出陣したのは6月19日である。28日朝倉・浅井軍との姉川の戦いには光秀も参陣しただろう。同日信長は池田恒興・丹羽長秀を加えた家康勢の活躍によって朝倉勢を切り崩し、続いて浅井勢も壊滅させ、小谷城（長浜市）も落城寸前で、江北を平定できたと細川藤孝に伝えたが、実情は信長軍の被害も大きく、朝倉・

浅井勢とも余力を残しての撤退で、近北は手つかずのまま残された。小谷城へのおさえとして横山城（長浜市）に羽柴秀吉が入れ置かれたが、横山城より南方の佐和山城（彦根市）には浅井方の磯野員昌《かずまさ》が陣取っており、岐阜—近江—京都のルートすら安全を確保できたわけでなかった。

姉川の戦いの後、信長はいったん入京するがこの時もわずか４日間の滞在という慌ただしさで岐阜に戻っていった。その間隙をぬって三好三人衆が斎藤龍興・長井隼人らと共に、再び摂津（大阪府～兵庫県）に侵攻してきた。８月20日、休む暇もなく、信長は再び岐阜を後にする。23日、信長は入京するが、この日幕府の奉公衆と美濃勢が先鋒として摂津へ向けて出陣している。光秀もそれに加わっていただろう。いずれにせよ、信長が岐阜を出陣するまでには幕府への根回しも終わっており、この戦いに幕府の奉公衆も参陣し、さらに義昭自ら出陣することも既定路線だったろう。信長が３千ほどの兵を率いて京を出陣したのは25日である。信長軍は23日から順次摂津へ向かっており総勢４万ほどだったという。30日には信長の要請にこたえ足利義昭も出陣する。

信長としては将軍の威光と大軍によって、一気に三好三人衆を蹴散らすつもりだったに相違ない。28日の時点で野田・福島（大阪市）の両砦に立てこもる三好方の兵力は5千～6千ほどで、野田・福島にこもっていた三好政勝・香西越後守が信長の本陣、天王寺（大阪市）で投降、信長の思惑どおり、三好方は戦意を喪失し騒乱は終結するはずだった。しかしここで、信長も予想し得なかった事態が勃発する。9月初旬、石山本願寺が突然反信長の姿勢をあらわにし、全国の門徒に信長と戦うよう檄《げき》をとばしたのである。それに応じて、雑賀《さいが》や根来《ねごろ》（和歌山県）から3千挺の鉄砲を携えた石山本願寺への援軍が襲来、信長軍との間で本格的な銃撃戦がくりひろげられ、日夜天地も響くばかりであったという。

比叡山焼討ち

さらに信長にとっての凶報が届く。9月12日、朝倉・浅井軍が京都をめざして堅田（大津市）まで琵琶湖西岸を南下してきたのである。東西から挟撃される危機に対して、信長は朝廷を動かすことで打開しようとした。20日、石山本願寺に対して次のような勅書が出される。「この度、将軍が天下を静めるため出陣されました。信長も同様です。一揆を起こし、敵対されたと聞きますが、不相応なことと思われますので、できるだけ早く干戈《かんか》をお休めください」

しかし、石山本願寺は停戦に応じる気配を見せず、朝倉・浅井勢は20日には宇佐山城を陥落させ、森可成を戦死させ、21日には醍醐、山科にまで侵出し火を放ち、都の中心まで後一歩というところまで迫った。信長もさすがにその動きを無視することができず、21日夜には明智光秀・村井貞勝・柴田勝家を上洛させ、二条城を警備させた。勝家は翌日、朝倉・浅井の動向を探り、その日のうちに摂津に戻ったが、この時、二条城を守る軍勢は４００～５００程度という手薄なありさまだった。勝家からの報告を受けた信長は摂津に展開していた主力を京都方面に移すことを決断し、義昭ともども23日に上洛、24日には比叡山の麓、下坂本（大津市）に着陣している。それに対して、朝倉・浅井軍は信長軍の主力と直接対決することを避け、比叡山に陣を移した。信長は比叡山に味方につくか中立を保つことを要求、聞き入れない場合、根本中堂をはじめ全山を焼き払うと脅している。

信長は宇佐山城に本陣を置き、比叡山周辺を取り囲んだ。光秀は当初、佐久間信盛らと共に穴太《あのう》（大津市）に配されたが、９月26日には一色藤長ら幕府衆と共に仰木（大津市）

から京都に戻っている。その後、光秀は比叡山西方の勝軍山城（京都市）に陣を移したが、11月13日、23日には吉田神社の兼見に石風呂を所望している。体調が悪かったのだろうか。

その間、信長は朝倉・浅井軍に決戦を申し入れるが、無視されてしまった。その後、比叡山と越前の交通を遮断するため、堅田に中入するが、11月26日即座に反撃され坂井政尚も戦死してしまった。信長は和睦を結ぶため、11月28日将軍義昭を三井寺に招き、12月10日には朝廷に働きかけ綸旨までださせている。雪が比叡山と越前との交通を遮断する季節に入り、朝倉・浅井軍もすでに厭戦気分が高まっていた。12月14日に信長軍が囲みを解き、翌日朝倉・浅井軍も比叡山から撤退した。

一旦、比叡山周辺の武装解除に応じた信長ではあったが、その後、明智光秀を宇佐山城に置いた。比叡山の情報収集と周辺の土豪たちを懐柔するのが任務である。2月には佐和山城で抵抗していた磯野員昌も投降し、信長は同城を丹羽長秀に守らせている。信長はようやく岐阜から湖南を通って京都まで行くルートを掌握することができたのである。

信長は将軍や朝廷まで巻き込んだ比叡山との和睦を端から守る気などなかった。元亀2（1571）年8月18日、信長は北近江に出兵する。浅井長政の小谷城を牽制した後、湖

比叡山延暦寺 戒壇院。現在の建物は延宝６（1678）年再建された
（滋賀県大津市）

南に進み、志村城（東近江市）を落とし、さらに南方表（摂津）へ兵を進めると称して、９月11日三井寺に入った。そして翌日早朝、信長軍は比叡山周辺に一気に展開し、日吉神社をはじめとする山麓の坂本地区一帯、続いて山上の伽藍に火を放ったのである。この日だけで僧俗男女３千〜４千人が殺害されたと山科言継は記している。信長は13日に上洛するが、比叡山の諸堂は15日まで徹底的に破壊されつくした。「僧俗・児童・智者・上人一々に頸《くび》をきり。信長公の御目に懸け、是は山頭において其隠れなき高僧・貴僧・有智の僧と申し、其外美女・小童其員《かず》を知らず召捕り、召列れ御前へ参り、悪僧の儀は是非に及ばず、是は御扶《たす》けなされ候へと声々に申上候といへとも、中々御許容なく、一々に頸を打落され、目も当てられぬ有様なり」とその虐殺ぶりを『信長公記』は伝えている。

焼討ちの10日前、光秀は志賀郡雄琴（大津市）の土豪和田秀純に長文の書状を送っている。秀純が志賀郡の土豪八木氏と共に光秀に加勢して宇佐山城へ入城することを伝えてきたことに対する感謝が主な内容であるが、坂本のすぐ北、比叡山から堅田へ抜けるルート上にある仰木については、撫で斬りにする決意を表明している。比叡山焼討ちの作戦も光秀から信長にもたらされた情報をもとに立案されたのに相違ないのである。

第4章　坂本城主光秀

細川藤孝の接近

比叡山焼討ちの功績により、光秀は信長から近江志賀郡を与えられた。『信長公記』には比叡山延暦寺焼討ちの後に続いて「去て志賀郡明智十兵衛に下され、坂本に在城候なり」と記されているだけで、正確な月日はわからない。12月になって近江の野洲郡、栗本郡にあった比叡山の旧領は佐久間信盛に与えられ、進藤・青地・山岡といった近江の土豪は信盛の与力として位置づけられるようになる。但し、志賀郡を本拠とする侍たちはもともと進藤氏の家臣であっても光秀に仕えるよう信長から強制された。血縁や個人的なつながり、信仰などさまざまな要因が複雑にからみ合いながら支配関係に影響をおよぼしていた中世的な世界に対し、単純に地理的な要因だけで支配関係を一元化する、信長がめざした時代が到来しようとしていた。

12月20日、光秀は義昭側近の曾我助乗に義昭へのとりなしを頼み、下京壺坂分の地子銭21貫２００文を与えている。この書状からは光秀が助乗に依頼した内容まではわからない。

しかし、年月日欠の助乗宛光秀書状では、すぐにでも暇をもらい頭をまるめ（出家）たいので、この旨を義昭に伝えるよう依頼したものがある。この書状が12月20日書状で光秀が助乗に依頼した具体的内容であるというのが谷口研語氏の説である。信長から志賀郡を拝領することで、信長の重臣たちからいくぶん外様的な眼で見られていた光秀もようやく同僚として認められたことになったのだろう。義昭からの致仕については、信長からの志賀郡拝領でなく宇佐山城を委ねられた時であるという説もあるが、いずれにせよ光秀が義昭との関係を完全に清算できたわけではなかろう。天正元（1573）年2月、義昭が挙兵した際、志賀郡山中（大津市）の磯谷久次、北山城の山本対馬守、渡辺宮内少輔が光秀から離反した。この3人はもともと義昭の命令で光秀の与力になったと考えられているので、本来ならば光秀が致仕した時点で光秀との関係も清算されるべきであろう。現実には、義昭と信長が最終的に決裂するまで、光秀と義昭の関係もあいまいなまま維持されていたと考えた方がよいのではないだろうか。

元亀2（1571）年は細川藤孝と信長の結びつきが強くなっていった時期でもある。義昭上洛後、義昭と信長の連絡調整役だったのは和田惟政であった。ところが、永禄12

（１５６９）年秋ごろ、惟政は信長からの信任を失ってしまった。ルイス・フロイスの『日本史』によると、キリスト教の布教をめぐって対立した日乗が万里小路《までのこうじ》惟房と謀り惟政をおとしめ、信長が激高し、惟政は剃髪し1年ほど逼塞していたという。宣教師側の記録にある理由が事実であるかどうかはわからないが、剃髪と逼塞は確かで、翌年には信長の勘気も解けたが、以前のような親密さは回復できず、元亀２年には摂津の政治的状況が一気に不安定になり、８月には戦死してしまった。信長もかつての惟政のように自らの意志を義昭に伝えるのに好都合な義昭側近を探していたはずだ。

元亀元年６月28日、信長から細川藤孝に宛てた書状で姉川での勝利と上洛する意向を伝えているが、これは義昭に伝達することを要請したものだった。元亀２年、信長から藤孝へ宛てた書状は４通残っている。当初は義昭から信長への御内書に藤孝が副状を添えたことに始まり､藤孝は両者の仲介役に徹していたようだが､比叡山焼討ち後は少し趣が変わってくる。10月14日の信長朱印状は藤孝の居城である勝龍寺城改修について人夫の徴用を認めるもので、藤孝は直接信長から命令をうけている。この時の改修は石山本願寺をふくむ摂津の不安定な状況に対して、西国街道を扼《やく》する勝龍寺城をより堅固にするためのものであった。この時、勝龍寺城は二重の堀と石垣・瓦葺礎石建物をもつ織豊系城郭へ変貌を遂げた。信長はこの新しい城づくりに積極的に関与していたようだ。この時使われた瓦の文様の中には、信長の居城岐阜城をまね、光秀の坂本城、前田利家らの小丸城（福井県越前市）と全く同一の型から作られたものもあった。いわば信長家臣団御用達の城郭建造テクノクラート集団が勝龍寺城に動員されていたのである。翌3年7月3日、藤孝は信長から直接西国街道を通行する石山本願寺関係者の摘発を命じられている。信長と義昭の対立が深まる中、藤孝は信長からなかば家臣のように扱われるようになっていったのである。

元亀2年12月29日、光秀と藤孝は岐阜にいた。光秀は志賀郡拝領の礼と新しく築く城についての相談、藤孝は勝龍寺城改修への協力の礼のために来岐したのだろう。この時期に岐阜を訪れていた山科言継は信長がふたりを招き「茶の湯これあり云々」とだけ日記に記している。

坂本築城

光秀が新しい城づくりに着手するのは、岐阜から戻った元亀３（１５７２）年正月ごろからだったろう。光秀は信長から委ねられていた山城である宇佐山城を捨て、比叡山の門前町として栄えた坂本（大津市）の湖岸に城を築くことにした。前年の暮れに出向いた岐阜で信長から新しい城について細かい指示もでていたはずだ。坂本城最大の特徴は琵琶湖に直接面して設計された水城だったことだ。この手法は後に羽柴秀吉の長浜城、光秀の女婿でもあった織田信澄の大溝城（高島市）に踏襲されている。信長の城も琵琶湖の内湖に突出した安土山に築かれたので、信長の近江支配は琵琶湖を強く意識していたことがわかる。琵琶湖の舟運を直接コントロールすることで、物資や人員の移動を円滑にし、近江の支配を強固なものにするだけでなく、美濃から京都へのバイパスとして利用しようとしたのである。

光秀と親しかった吉田兼見の日記から坂本城についてみていくことにしよう。元亀３年閏正月6日、兼見は雪の中、普請（土木工事）見舞に出向いている。同年12月22日には、天主などの作事（建築工事）も順調に進んでいたようで、目を驚かされている。ちなみに、「天主」なる言葉が同時代の確かな文献として登場するのはこれが最初の記事であろう。後に信長が安土城に築いた7層の天主が今でも城郭のシンボルになっている天守閣に直接の影響を与えることになるが、もともとは信長が岐阜の金華山麓に建設した禅宗の庭園建築の流れをくむ4層の建物に禅僧が与えた固有名詞が「天主」で、信長はそれを額として飾らせたと考えた故宮上茂隆氏の説に筆者は全面的に従いたい。「天主」という固有名詞が普通名詞化する過程でこの言葉は城主の住まいする建物と理解されていた。

天正4（1576）年3月4日、吉田兼見は建設途上の安土に信長を訪ねた。兼見はすぐには信長に会えず、天主の近くで待っていたら、信長が普請場から帰ってきたという。安土城は同年の1月に建設が始まったばかりで、兼見が訪れた時期は曲輪の造成や大石を引き上げる準備の最中だったろう。信長が帰ってくるべき建物が「天主」なのであって、この「天主」を将来天主が建てられる安土山頂部とは到底考えられない。元亀3年12月に兼見が見た坂本城天主も瓦葺きの高層建築だったと考える必要はないのである。

坂本城発掘調査で検出された遺構全景
（滋賀県大津市、大津市埋蔵文化財調査センター提供）

話を坂本に戻そう。天正元年６月28日、兼見が訪れた際は里村昌叱《しょうしつ》の訪問に重なったこともあり天主の下の小座敷で連歌を楽しんでいる。室町時代の武家邸宅でいえば、天主は主の日常生活の場である常御所と公式の場である主殿を兼ねたもの、小座敷は庭園に面して文芸など遊興の場として用いられる会所ということになろう。いずれにせよこの時点で主郭部の建築はほぼ完成していただろう。その後も工事は進められ、天正８年閏３月13日から新たな普請が始まったことを兼見は記している。同10年正月20日には、小天主で兼見は光秀と対面して茶の湯と夕食を饗されている。

石仏などが積み上げられた東南寺境内（滋賀県大津市下阪本）

「信長が安土山に建てたものにつぎ、この明智の城ほど有名なものは天下にないほどであった」とルイス・フロイスもその壮麗さを感嘆した坂本城であったが、現在その痕跡はほとんど地上に残っていない。坂本落城の際の戦死者たちの首塚という伝承のある石仏が境内に山のように積み上げられている東南寺（大津市下阪本）は寛永15（1638）年旧坂本城内に移転してきたと伝えられている。しかし、この地区は坂本城の中枢部でなく、本丸はさらに琵琶湖寄りにあったようだ。阪本地区で光秀時代にさかのぼる瓦が見つかっているのは湖岸に面した地区だけだからだ。過去に発掘調査が行われた地区からは光秀時代の礎石建物や大量の瓦なども出土している。光秀時代の礎石建物は４軒検出されているが、いずれも高層建築になりそうない。けれど、前述したように天主といえど高層建築である必要はなく、そのあたりに天主もしくは小天主があったと考える余地はあるだろう。

坂本城は本能寺の変で落城し、その後、丹羽長秀、杉原家次、浅野長政が城主となったが、天正14年、長政が南の大津に城を築き廃城になった。阪本地区に近い聖衆来迎寺の門は坂本城から移築したと伝えられている。桃山時代にさかのぼる建物のようだが、伝承が正しかったとしても光秀時代以降のものであろう。

琵琶湖が渇水期になると、発掘調査された地区からすぐ湖寄りの地点に石垣が顔を見せることがあり、わずかに往時をしのぶことができる。

光秀の茶の湯と坂本城

堺の商人で茶人としても知られる津田宗及も坂本城をしばしば訪れた。しばらく宗及が記した『天王寺屋会記』から光秀の茶の湯について見ていこう。『天王寺屋会記』に見る坂本城での光秀茶会の初見は天正6（1578）年正月11日であるが、これはあくまで宗及の記録に残っているだけで、古くから光秀は茶の湯に親しんでいたはずだ。信長の茶の湯は「御茶湯御政道」で、信長が功績を認めた家臣にのみ許可した、というのは後に秀吉が自らがいかに信長から認められていたかを自己宣伝するためのキャッチフレーズで、信長は家臣に茶の湯道具を下賜することはあったが、茶の湯そのものを許可したことなどない。「茶壺ひとつが一国に値する」というバブリーなイメージも千利休と手を組んだ秀吉が演出したことだ。信長という絶対的な権力者が茶の湯を好んだせいで、望むか望まないかにかかわらずそれが政治的色合いをもってしまうことは避けられなかったが、信長の茶の湯の本質は若いころ津島の町人たちに声をかけながらお茶を給した時から変わっていなかったはずだ。「ごく卑賤の家来とも親しく話をした」（フロイス『日本史』）とあるように、世俗の権力者という立場を離れて、楽しむことのできる場のひとつだった。その信長が茶の湯を許すなどと高圧的な態度にでるはずがない。信長の右筆、武井夕庵が茶の湯は町人たちが楽しむべきもので、武士が茶の湯にはまると武道が廃《すた》れると信長に諫言《かんげん》したと伝わるが、これは信長本人ではなく、信長家臣団の中で茶の湯が大流行していたことに苦言を呈したとみるべきである。

記録に残る光秀と茶の湯の関わりは、元亀２（１５７１）年12月岐阜城での信長茶会が最初だ。坂本城では天正３年６月に島津家久を茶の湯でもてなそうとしているので、この時点で坂本城や城下に茶室があったのも確実である。

天正６年元日、信長は安土城で茶会を開いたが、その時招かれた12人の家臣のひとりが光秀だった。この時、光秀は信長から八角釜と牧谿《もっけい》の椿絵をプレゼントされている。正月11日、信長拝領の茶道具を初めて使う「開き茶会」に宗及・平野道是・銭屋宗訥《そうとつ》が招かれたのである。この時は、小板に頬当《ほおあて》風炉を置き、信長から拝領した八角釜が掛けられた。この季節であれば、通常炉を使うはずなのだが、この組み合わせは天正2年4月3日、信長が相国寺（京都市上京区）で宗及と千利休をもてなした俄《にわか》茶会を意識したのだろう。フロイスは光秀が信長から親愛の情を得るため、彼を喜ばせることは何事につけて調べ、彼の嗜好や希望に関してはいささかも逆らうことがないよう心掛けていた、と記している。光秀は信長茶会での道具の取り合わせも調べていたはずだ。

当初、床飾りはなく、一旦客人が退席後、信長下賜の牧谿の椿絵が掛けられ、床前には四方盆にのせられた肩衝《かたつき》茶入が置かれた。床飾りを客人に委ねるためである。これは客人へ敬意をはらうという意味もあり、信長もしばしば用いる趣向だ。この時は宗及が茶入を床に飾り、続いて濃茶の茶堂《さどう》もつとめた。その後、床飾りは撤去され、薄茶の際には、八重桜の茶壺だけが飾られた。茶壺を効果的に用いるのは信長茶会の特徴でもある。信長の場合、絵もそのまま残すのだが、椿と八重桜はミスマッチというのが光秀の美意識だったのだろう。薄茶の茶堂は光秀の茶の湯の師匠若狭屋宗啓がつとめている。懐石の後、城内から御座舟で安土へ客人を送りとどけるという最後まで心憎いばかりの演出であった。

天正7年正月7日~8日、坂本城での茶会では、6畳敷の他に3畳敷の座敷があったことがわかる。貴人の茶室は6畳にするのが習わしだったし、安土城内の信長茶室も右勝手6畳敷だった。光秀の時代、堺では4畳半が主流で3畳も出現している。3畳の小間というと、身をかがまないと入れない躙口《にじりぐち》をもつ独立した瀟洒《しょうしゃ》な草庵を連想しそうであるが、坂本城の3畳敷は床がなかったようだし、6畳敷の茶室とも近接してつながっていたように読める。そうすると、後に古田織部が得意とした書院と小座敷を鎖の間でつなぐ手法の原形にも思えてくる。草庵の茶の湯とは一線を画し、しかも単に信長好みに追従するだけではなかった光秀の好みがみえてくる。この時は前年のように奇をてらうことなく炉に八角の釜を鎖で吊るしている。７日の床飾りは八重桜の茶壺であったが、８日には藤原定家の色紙を使った。「淡路島かよふ千鳥の鳴く声に　いく夜寝覚めぬ須磨の関守」という定家が百人一首のひとつに選んだ源兼昌の和歌である。定家が嵯峨の小倉山荘の障子用の色紙として筆をふるった小倉色紙のひとつだったろう。この時、光秀が定家の色紙を選んだのは、光秀の文芸趣味だけでなく、客である津田宗及も定家の色紙を所持し、たびたび茶会に使っていることを知っていたからだったろう。

信長の茶会では床に掛ける軸は圧倒的に中国絵画が多い。一方、光秀は絵を使うこともあったが、この色紙が一番のお気に入りで、他には南北朝時代の臨済宗の僧で大徳寺の開山である大燈国師の墨蹟を使うこともあった。

天正８年12月20日～21日、筒井順慶と宗及をもてなした際、21日は前日と別の御座敷を使っている。天正９年正月10日～11日、山上宗二と宗及が坂本に来た際も２日目は浜の方の御座敷を使った。天正８年の別の御座敷と天正９年の浜の方の御座敷は同一のものだろう。天正６年の３畳敷とは別な建物で、まさに琵琶湖を一望できる湖岸に接して建てられていたように思う。『兼見卿記』に登場する小天主に付随するものだったかもしれない。いずれにせよ、坂本城内には複数の茶室があったことは確実である。さらに光秀は記録に残るだけでも、天正元年6月、同2年閏11月、同3年5月、同6年9月、同9年1月、坂本で連歌を楽しんでいるので、文芸の場でもある会所に相当する建物も存在したことも確実だ。坂本城は城内に多くの文化施設をかかえた特異な城だったのである。

天正8年12月21日茶会で光秀は瀬戸天目を使っている。幕末まで美濃で焼かれた焼き物も瀬戸と総称され、光秀の時代には、現在の多治見市や可児市・土岐市周辺で多数の窯が焚かれていたので、まさに光秀ゆかりの地で焼かれた今日の言い方では美濃焼ということになる。当時の茶人たちが記した「茶会記」に美濃焼が登場する極めて早い事例のひとつである。

信長の好みは徹頭徹尾中国志向だった。一番のお好みは犬山天目と呼ばれた灰を被ったような釉調の灰被《はいかつぎ》天目である。室町時代の価値観で最高級にランクされた曜変天目も信長は所持したことはあったが永禄12年にあっさり日乗に手放している。妖しげに輝く曜変天目でなく艶のない落ち着いた灰被を信長は選んだのである。

なお、信長は石山本願寺から贈られた白天目を飾ったこともあり、これは美濃産だったという説もあるが、中国産とする見解もありはっきりしない。この時代美濃では天目茶碗を大量に生産していたし、芋頭《いもがしら》茶入、茶壺などの茶道具も焼かれてはいた。しかし、船載された高級な中国陶磁の安価な代用品としての位置づけで、少なくともいっぱしの茶人が正式な茶会に使うべきものでないと認識されていた。そんな風潮の中であえて光秀が使ってみせたのは、なにか特別な付加価値があったのだろう。17世紀初頭、土岐市周辺で焼かれたいわゆる「織部」が茶道具として一世を風靡《ふうび》することになるがその先駆けとなる試みを光秀が故郷の陶工に命じていてもおかしくない。

天正10年正月25日、博多の島井宗叱《そうしつ》と宗及を迎えた際に、光秀は籠から霜夜天目を取り出して台なしで使ってみせた。本来、天目茶碗は台の上にのせて使うべきものである。先に紹介した天正６年正月の茶会ではこの霜夜天目をきちんと黒漆の天目台にのせている。価値を減ずるという意味で「台なし」という言葉が生まれたほど（諸説あり）、天目茶碗にとって天目台は欠かせない存在だったのである。台なし天目という少々かぶいた作法が、この時代、信長家臣団の間で流行していた。佐久間信盛・信栄親子や羽柴秀吉も取り入れ、光秀も時代の流行にのってみたという感じだろう。

光秀は高麗茶碗を複数所持し多用していたことも付け加えておこう。この時代、堺の茶人たちを中心に高麗茶碗の価値が認められ始めていた。これも、光秀が新しい時代の感覚に敏感だった証しである。

光秀の茶会で最も印象に残り独創的なのは、天正10年正月7日、山上宗二と宗及をもてなした時のものだ。この時、床には信長自筆の書が掛けられていたのである。同時代の生きている人物の書を使うのは、塩屋宗悦が誠仁《さねひと》親王自筆の色紙を使った例などもある。しかし、信長がわざわざ茶掛け用に自筆の色紙を光秀に贈ったとは到底思えない。これはなにかの機会に信長が光秀に与えた自筆書状を軸装にしてみせたのだろう。和歌や茶の湯の精神的基盤になった禅僧の墨蹟を床に飾ることは茶室の室礼としてふさわしいものであるが、茶席の亭主である光秀を褒めたたえたであろう現世の主君信長の書をうやうやしく床に飾るのは、世俗的上下関係をそのまま茶の湯の席にもちこむ無粋なことで、「侘《わび》」「寂《さび》」といった感覚とはおおよそ無縁のものだ。そこにうかがえるのは、光秀の信長に対する敬愛の精神と心酔だけである。わずか半年後、光秀みずから信長を弑《しい》することになるとは、光秀を含め同席した誰もが微塵も想像できなかっただろう。

この茶会で光秀は台子《だいす》飾りもしている。台子の上部には長盆に大海茶入と肩衝茶入を袋に入れたままのせ、下には鈴の蓋置《ふたおき》、高麗茶碗二つと村田珠光が所持していた亀の蓋三つを並べた。台子飾りは室町時代の書院での茶の湯には欠かせないものであったが、光秀の時代には廃れつつあった。江戸時代になると多くの名物茶器を飾る大名茶でその伝統は残されたが、一般的な侘茶の世界では使われなくなって、その作法は秘伝化されていった。現代の茶道でも台子飾りができるようになるにはかなり修業を積まなければならないし、女性には伝授しないという流派もある。

信長や信長の茶堂もつとめた松井友閑は台子飾りができたが、信長在世中、光秀と友閑を除く他の信長家臣は台子を使っていない。光秀が茶の湯のオールドファッションにも通じていたことがわかる例だ。光秀は他の茶会で、籠棚や長板も使っている。光秀は茶器を自由自在に飾ってみせることもできたのである。

光秀は茶の湯の古典から最新流行までを熟知し、さらに自ら新しいアレンジをすることができるほどの腕前だった。もし、光秀が平穏な生涯を終えることができたとしたら、茶の湯の世界でも十分に評価される人物になっていただろう。今日、茶の湯の歴史の中で、古田織部がしめる席は光秀のものだったかもしれないのである。

第5章　将軍追放

織田信長の憂鬱

元亀３（１５７２）年は信長がもっとも苦境に陥った年だ。３月、信長は小谷城を牽制した後、琵琶湖西岸の和邇《わに》（大津市）に進み、木戸城・田中城の敵対勢力に対し砦を築き、光秀、中川清秀、丹羽長秀らに守らせ、３月12日京都に入った。この時、義昭は信長が京都での屋敷をもたなかったことを不便だとして上京にあった徳大寺公維《きんふさ》の邸宅を信長に与えた。このころには義昭も反信長陣営に加わることを決意していただろうから、それを隠蔽《いんぺい》するための行為だろう。『信長公記』では信長家臣の村井貞勝・島田秀満が普請奉行であったとするが、幕臣の三淵藤英、細川藤孝が築地普請を奉行していたことも『兼見卿記』からわかるので、信長と義昭側が一体となって建設をすすめたのだろう。

信長は琵琶湖東岸の横山城には羽柴秀吉、西岸には丹羽長秀を配し、浅井・朝倉勢を牽制し、４月16日には河内へ兵を進めた。三好義継と松永久秀が畠山昭高の家臣安見新七郎の居城、交野城（大阪府交野市）を攻撃したためそれを救援する目的だった。この時の軍勢には佐久間信盛、柴田勝家、光秀のほか三淵藤英、細川藤孝、上野秀政といった幕臣も加わっている。信長軍は2万にもおよび、三好義継は若江城(東大阪市)、久秀は信貴山《しぎさん》城(奈良県平群町)に兵をかえすことになった。信長軍が京都へ帰陣したのが5月11日で、信長はその3日後には急ぎ京都から岐阜へ帰城している。

そのころ、反信長陣営に大きな動きがあった。すでに信長と抗争状態にあった石山本願寺・朝倉・浅井陣営はひそかに武田信玄をかつぎだそうとしていたのである。信玄も前年には北条氏と和睦し、東方を固め上洛の準備をすすめている。正月14日には本願寺顕如から信玄へ信長が摂津河内へ兵を進めたら、その背後を脅かすよう申し入れていた。5月13日には義昭が信玄に誓詞を送り軍事行動をおこし、天下静謐のために働くことを求めた。なお、武田信玄が反信長陣営に加わることを決断したのは、上洛の軍をおこす直前であり、義昭から信玄への御内書も翌年のものという説もあるがどうだろう。8月9日、奈良の多聞山城には土岐頼芸がいたことが『多聞院日記』からわかる。

頼芸は斎藤道三から美濃を追放された後、近江の六角承禎に保護されていた。承禎が信長に攻められ観音寺城を失った後も信長に敵対していた承禎と行動を共にしていたのだろう。その頼芸が松永氏の居城にいて、美濃の牢人たちと国へ帰っていったというのである。牢人たちというのは三好三人衆や朝倉氏と組んで反信長陣営に加わっていた斎藤龍興配下であり、この時頼芸が向かったのは当然美濃ではなく、天正10（1582）年、頼芸が信長軍に発見される甲斐であったのではなかろうか。信玄が頼芸を保護する目的は美濃を信長から奪取した後傀儡《かいらい》政権を樹立するためである。この前後、義昭、本願寺、信玄の三者間で文書による通信が頻繁にあり、義昭の依頼で信玄が相婿の関係にある本願寺顕如と信長の和議を仲介しようとし、9月10日、顕如もそれに応じることを信玄に回答している。最重要事項は使者から口頭で伝えられたであろうから、現在文字として残る史料だけで信玄がぎりぎりまで信長との対決に躊躇していたとは思えない。信玄が甲府を出陣するのは10月3日であるが、信玄が信長を倒し京都をめざすのであればそれなりの準備が必要だったはずだ。

信長は7月に再び近江へ出兵、小谷城、さらに水軍を使って竹生島や越前国境に近い江北地区を放火した。この時には打下（高島市）、堅田の土豪たちの他に光秀も加わっている。坂本に拠点を移して半年の間に光秀が直属の水軍を組織していたことがわかる。さらに、信長は北上して小谷城と目と鼻の距離にある虎御前山と八相山、宮部（いずれも長浜市）にも砦を築き、その間の5・5キロを高さ3メートルの築地塀と堀でつないだ。1万5千の大軍を率いて小谷城救援に駆けつけた朝倉義景に対して、信長は志賀の陣の時と同様決戦を呼びかけるが、朝倉・浅井勢はそれに応ぜず、信長は9月には秀吉に虎御前山を守備させ岐阜へ戻っていった。武田信玄の不穏な動きが撤収の理由だろうか。

9月14日、細川藤孝と三淵藤英が近江北郡から京都へ戻ってきた。信長の北近江侵攻にも4月の河内出陣同様幕府の奉公衆も加わっていたのだろう。北近江での信長は機嫌がよく、両者に対しても丁寧に対応したようだ。このころまでには、信長は反信長同盟の中心に義昭がいることを察していただろうから、幕臣に対して愛想よくふるまったというのは、まさに狐と狸の化かし合いといったところだろう。翌15日、光秀も京都に入っている。逗留先は徳雲軒全宗邸であった。全宗は後に施薬院と名乗った名医として知られている。医学の知識もあった光秀とは話があったのだろう。これ以降、全宗邸が光秀の京都での定宿になっている。

異見十七ヶ条

光秀の入京は信長から託された義昭との断交宣言ともいうべき異見十七ヶ条に関連するものというのが谷口研語氏の意見である。この十七ヶ条は９月から年末にかけて信長が義昭に突きつけたものであり、その作成に光秀も関与したと考えられている。その一条がまさに光秀に関わることだからだ。光秀が地子銭（貸地代）を収納し、義昭の買い物代として渡したところ、光秀が収納した地子銭は本来比叡山が徴収すべきものだと主張し、渡した者から代金を義昭が押領してしまった。

この異見書はその他以下のような事項で義昭を糾弾している。義昭が朝廷をなおざりにしていること、義昭が御内書には信長の副状を添えることを定めた元亀元年正月の五ヶ条を無視し、勝手に諸国に御内書を送ったこと、義昭に忠節の者に十分な知行を与えず、功績のない者に扶持《ふち》を加増するなど忠・不忠の区別をつけない、義昭が城内にある御物をどこかに隠匿《いんとく》したという噂から、戦いがおこるのではと京中で大騒ぎになっている、信長に親しい者には女性であろうと厳しく対応する、不吉な元号である元亀を改元することが決まっているのに、義昭が費用を献上しないので実現しない、城中に蓄えてある米を金銀に替えているそうだが「公方様御商売の儀」など古今きいたことがない、義昭に仕えるものが武具や兵糧を準備せず、金銀を蓄えるのは牢人になる準備だろう、これも義昭が金銀を蓄え、二条城を出て都を去るつもりだからと思われているからだ。そして、最後に、とにかく義昭は万事に欲が深く、道理や外聞も無視するという評判で、土民や百姓にいたるまで「あしき御所」と呼んでいる。赤松氏によって暗殺された足利義教もそのように悪口されたと伝え聞いている、なぜ人々が義昭の陰口を申しているのか反省すべきであろう、と信長は長文の糾弾状をしめくくった。

この時、信長が将軍義昭を批判する根拠としたのが、「天下」であり「外聞」であった。信長が使った「天下」は明らかに京都周辺もしくはその政治状況といった限定されたものでなく、世の中全般という意味だ。先の五ケ条の条書で信長が自らに委ねられたと宣言してみせた「天下」である。

信長は十七ケ条の写を広く世間にばらまいた。それを知った武田信玄が信長の能力を再評価したという話も『当代記』に記されている。11月26日、細川藤孝は吉田兼見を訪ねた後、坂本へ向かっている。この時点で、光秀と直接協議する必要があったのだろうが、詳細はわからない。

上京焼討ち

９月から翌年の３月まで信長は岐阜を動かなかった。その間、10月３日には武田信玄が上洛の軍を起こした。本来であれば、反信長同盟が軌を一にしてここぞと立ち上がるべきタイミングである。ところが、12月３日、小谷城に陣取っていた朝倉義景は突如兵を越前に引き返してしまう。反信長同盟が戦略的に統制のとれない烏合《うごう》の衆であったことを露呈させる義景の選択であった。12月28日、信玄は義景に書状を送り、信長滅亡の時が迫った重要な時期であるのに分別がないと憤慨している。西へ進んだ信玄は12月22日に三方ヶ原（浜松市）で家康・信長連合軍を撃破する。その報は反信長陣営を大いに盛り上がらせることになった。義昭がまず動き出す。２月６日、志賀郡山中の磯谷久次、北山城の山本対馬守らが光秀から離反する。これは一向宗の門徒と連動した動きで、続いて前年に義昭から上山城（山城の京都に近い三郡）の守護に補任された光浄院暹慶《せんけい》（山岡景友）も派遣され、坂本城の東北堅田を占拠、坂本城東南の石山にも砦を築き始めた。坂本城から京都へ抜ける山中道周辺は光秀から離反した諸将たちの本領であるので、義昭側の一連の動きは光秀を標的にしたものであることがわかる。義昭が全面的に信長と戦うのではなく、義昭が不心得者の幕臣、光秀を成敗するというスタンスだったように思える。『兼見卿記』を見てもこの前後の時期に京都中で大騒ぎになったような気配が感じられないからだ。

2月13日、義昭は挙兵の意志を朝倉義景・浅井長政に伝え、信長との対決に備え、17日二条城の堀をさらに堅固にするための普請を開始し、22日には鉄砲の火薬にするための灰木の調達を吉田兼見に命じている。義昭の動きは細川藤孝から逐一信長のもとに報告されていた。藤孝の報告をうけた2月23日の信長黒印状は「公義（義昭）御逆心につきて」で始まり、かなり強硬な信長の姿勢が見て取れそうであるものの、その内容は塙直政を通じて義昭側から出された条件を信長が鵜呑《うの》みにし、松井友閑と島田秀満を派遣し人質を引き渡すことなど柔軟なものであった。友閑と秀満は22日に入京している。ふたりを窓口にした交渉は断続的に続けられていく。

秀満が京都を後にしたのは３月８日で吉田兼見はこれを交渉決裂と判断したが、７日に信長が藤孝にあてた黒印状では、村井貞勝と塙直政を派遣し実子を人質として進上することも記されてあり、形としては最後まで義昭との対決を避けようとしている。その一方で信長は坂本城周辺の敵対勢力に対して軍事行動を命じた。光秀は柴田勝家、丹羽長秀、蜂屋頼隆と共に24日には石山を攻め、26日に退散させ、29日には堅田を光秀が海上から囲舟で攻め、陸からは丹羽長秀と蜂屋頼隆が攻め落としたことが『信長公記』に記されている。堅田攻めは光秀勢が主力だったようで、『兼見卿記』にはことごとく明智が討ち取ったと記されている。

但し、24日というのはあくまで信長が直接進軍を命じた日であり、志賀郡をあずかる光秀は、磯谷らが反旗を翻した６日以降ただ手をこまねいていたわけではない。２月13日には堅田北方の木戸表（大津市木戸町）で合戦があり、革嶋忠宣が負傷している。堅田攻めでは光秀軍も戦死者だけで18名におよんだ。５月24日、光秀は戦没者名を記しその霊供料を西教寺（大津市）に寄進している。戦死者の中には幕府奉公衆でもあった熱田大宮司千秋一族の輝季《てるすえ》、美濃出身と思われる可児与十郎、光秀が本能寺の変決行を前に相談した4人の重臣のひとり藤田伝五の弟と思われる藤田伝七の他、姓をもたない中間、甚四郎の名前が見える。身分の低い中間もあわせて供養したのは光秀の人柄を示すものとして知られている。

反信長陣営の期待を一身に背負った武田信玄は三河に侵入、1月には野田城（愛知県新城市）を囲むが、その開城までにひと月を費やし、2月27日には軍を返すこととなる。そして、4月12日、駒場（長野県阿智村）で生涯を閉じた。その死は公にされなかったものの、武田軍から直接の脅威がなくなり、再び信長が西に向かって動き出すことになる。3月25日、岐阜を出陣した信長は29日には知恩院に着陣した。この時、信長が使ったのは東山道で逢坂（大津市）まで、細川藤孝と荒木村重が出迎えている。それまで、義昭幕下で秘密裏にその情報を信長に伝え続けた藤孝が公の場で信長に忠節を誓った瞬間である。

信長の軍勢は白川・粟田口・祇園・清水・六波羅・鳥羽・竹田と京都の町並みを取り囲んだ。光秀も賀茂に着陣している。信長と義昭はその後も交渉をすすめたが進展はなく、信長は4月2日、3日洛外に火を放ち、4日には上京焼討ちという強硬手段にでた。これは信長の既定方針だったようだ。１日、信長は吉田兼見を呼び、兼見の父が語っていた「南都が滅ぶ時は北嶺（比叡山）も滅び、王城の災いなり」の真否を問い、兼見が典拠となる文献がないと答えると、信長は奇特であると喜び、洛中放火は決定事項だと伝えているからだ。

焼討ちの翌日、勅使として二条晴良、三条西実澄、庭田重保３人が信長の本陣を訪れ、義昭との和議を促した。この３人は７日に和睦の勅命を義昭に伝え同意をとりつけ、その足で信長本陣を訪れたようだ。即日、信長は自らの名代として織田信広、佐久間信盛、細川藤孝を選任し二条城へ派遣した。勅命による和睦が成立し、信長は翌日岐阜へ帰っていった。４月27日には、林秀貞、佐久間信盛、柴田勝家、美濃三人衆、滝川一益が義昭側近の一色藤長らに宛て、翌日には一色藤長らが塙直政、滝川一益、佐久間信盛に宛て、和議を遵守する起請文を取り交わしているが、信長はこの和平が長く保たれると到底考えていなかっただろう。

義昭再挙兵

5月15日、信長は佐和山にいた。そこで、長さ54メートル、巾13メートル、100挺の艪《ろ》を備え後方に矢倉をあげた大船の建造を命じるためだ。義昭も信長との対決が避けられないと考えていたようだ。4月13日には義昭が槙島（宇治市）へ動くという噂が京都で広がった。吉田兼見はその真偽を確かめるため二条城へ問い合わせの使者を送った。予定はないというのが公式回答だったが、その直後、義昭側近の松田監物が兼見を訪ね、退城が内々に決まっていると耳打ちしている。翌日には三好勢出動の噂も広がり、京都に住まいする人々の不安は一向に解消されなかったのである。義昭は反信長陣営を再び糾合すべく諸国に御内書を送りまくっている。5月23日、本願寺顕如は義昭に対して、「天下静謐の儀、御下知あるべく候哉」と答えている。

7月3日、義昭は二条城に三淵藤英を残し槙島城へ移った。義昭から信長への最後の宣戦布告である。藤英は細川藤孝の実兄だった。義昭は藤孝が信長へ情報漏洩していたことがトラウマになって藤英も信じられなかったのだろう。その日、吉田兼見は信長に会うため佐和山に向かっていた。そして翌日、湖岸の造船現場で信長に会い、竣工間近の大船を目にすることになる。この大船が完成したのは5日で、信長はそれを使い7日には琵琶湖を坂本まで渡った。陸を進んだ先勢は8日に入京、信長も9日妙覚寺に入っている。信長勢に包囲された二条城は三淵藤英を除いて10日には信長に投降した。藤英も柴田勝家に説得され、12日には城を引き渡し、伏見に退いている。

信長軍が槙島城へ進軍したのは16日である。この時、槙島城攻めの信長軍は二手に分かれた。宇治川の上流、平等院の北東は稲葉一鉄父子、氏家卜全、伊賀（安藤）守就の美濃三人衆はじめとする美濃衆が主力である。宇治川の下流に向かった佐久間信盛、丹羽長秀、柴田勝家、羽柴秀吉ら信長軍の主力の中に光秀もいる。信長軍団オールスターといった陣容で、信長軍が宇治川を渡河したのは18日午前10時ころであったが、その日のうちに槙島城はあっけなく落城している。義昭は嫡男を信長に人質として退城、落ち行く義昭を人々は「貧乏公方」とさげすんだ。ここに室町幕府は実質的に滅びることになった。その後も義昭残党の掃討戦は進められ、光秀は静原山（京都市左京区）にこもる山本対馬守を討つため23日には吉田神社に泊まっている。

信長勢が宇治へ向かって進撃する直前の14日、柴田勝家・羽柴秀吉・滝川一益・丹羽長秀・松井友閑といった信長重臣たちがそろい踏みで吉田神社に出掛けた。光秀がここに信長の京屋敷を建造するよう提言したので、勝家らは信長から命じられて実検にきたのである。吉田兼見はまさに寝耳に水の状態で勝家らに対応したのだろう。「面目を失った」と日記に記している。

実現はしなかったものの、なぜ兼見とも親交がある光秀が神社立ち退きにまで発展しかねない提言をしたのだろうか。光秀に反旗を翻した磯谷久次、山本対馬守らが兼見と親しかった腹いせというわけではなかろう。

吉田神社は御所東方2キロの独立丘吉田山にある。京都を一望するのにはまさに絶好の地である。さらに吉田山が京都から坂本へ抜ける山中道への入り口近くにあることが光秀の提言につながったのだろう。琵琶湖の舟運を利用し坂本に渡り、山中道を使っての入京が織田政権の軍事的バイパスである。この山中道は天正3年2月15日、信長から3間巾(5・4メートル)への拡張工事が命じられた。その前年から始められた信長領国のバイパス整備は３間間中（6・3メートル）が基準であったが、山中道がやや狭くなっているのは、平地とは異なり比叡山の山塊を抜ける隘路《あいろ》であったからだろう。17日から突貫工事が進められ、吉田兼見が請け負った分は25日には完成、27日には松を植えている。道の左右に松や柳を植えるのも信長の命であった。この普請が突貫工事だったのは、信長の上洛がひかえていたからだ。信長が新道を経て上洛したのは３月３日で、兼見は山中で待ち構え馬上の信長から餅を拝領している。

話を義昭追放時に戻そう。幕臣たちの一部はその後も義昭と行動を共にしたが、細川藤孝の兄三淵藤英は当初信長から赦《ゆる》され義昭残党の石成《いわなり》友通攻めにも加わっていたが、翌年５月光秀の坂本城へ送られ、７月に自刃《じじん》させられている。８月３日に義昭が毛利輝元らに宛てた御内書では上野信秀と藤英の裏切りが京都を去ることになった原因と述べているので、藤英は義昭、信長両陣営から真意を疑われたまま生涯を終えることになったのである。一方、藤英と共に二条城に籠城した伊勢貞興は光秀に仕え、本能寺の変で光秀と運命を共にすることになった。貞興の母は斎藤道三の娘で、信長の正室濃姫の甥にあたることが、藤英との命運を分けることになったのだろうか。

義昭を追放した3日後の21日、信長はにわかに改元を奏請している。前年の3月には改元が発議されていたものの延び延びになっていたものだ。朝廷側は信長の奏請を急なことだと言いながら、勘文を信長に見せ承認をとっている。信長が選んだのは元亀の改元でも信長推しだったろう「天正」だ。義昭追放が信長にとっての天正しき最初の年になったのである。27日、改元の一日前に出京した信長は坂本に停泊されていた大船を使って木戸城、田中城を攻め落とした。この戦いには光秀も加わっていたのだろう。両城とも光秀に委ねられることになった。田中城はかつて幕臣の沼田勘解由左衛門尉と共に籠城したこともある城だった。光秀はどんな想いだったろう。

反信長陣営の解体

8月4日信長は岐阜に帰城したものの、8日夜中には再度出陣する。長年の懸案であった浅井・朝倉との最終決戦のためである。小谷城周辺での小競り合いの後、越前へ撤兵する朝倉義景を追撃し刀根山（敦賀市）で打撃を与え、そのまま越前に攻め入り、万端の準備をして17日木ノ芽峠（敦賀市から南条郡南越前町）を越えた。18日、信長は府中（越前市）まで侵出する。義景は一乗谷を捨て大野郡に逃れたが従兄弟景鏡《かげあきら》の裏切りにより20日自刃に追い込まれた。その後信長は近江に反転し、9月1日には小谷城を落とし、浅井長政も自刃した。元亀元（1570）年から信長を悩まし続けた朝倉氏・浅井氏が一気に滅びたのである。一連の戦いを記した『信長公記』には光秀の名前は見えない。しかし、越前の地形についても熟知している光秀が信長の側にひかえていたことは疑えない。8月から9月にかけて光秀関係文書が現在の福井県に集中して残されているからだ。

8月22日、光秀は服部七兵衛尉に対し、七兵衛尉が竹という人物の身上に馳走したことを賞し、100石をあてがっている。身分の低い竹なる人物の動向に光秀が配慮したのは、光秀が若いころ越前滞在中に知り合いだったためと考えられ、光秀の越前滞在説の根拠のひとつになっている。光秀は滝川一益、羽柴秀吉と共に越前の占領行政を委ねられた。3人の連署状は8月28日から9月19日にかけて5通知られている。不思議なことに秀吉が花押をすえたものは1通もない。朝倉氏滅亡後、秀吉も越前にとどまる予定だったが、実際には信長と共に小谷城攻めに加わり、その後浅井氏旧領の一職支配を信長から委ねられることになったためであろう。9月20日には滝川一益と光秀、ふたりだけの連署状が出されている。

光秀が近江、越前を転戦している間も、光秀勢の一部は静原山城の山本対馬守を見張っていたのだろう。光秀はこの城を7月25日から攻めていたが、10月になってようやく決着がついた。10月10日から25日の間に東別所（桑名市）に在陣している信長のもとに、光秀は対馬守の首を進上している。10月9日に光秀は革嶋秀存《ひでやり》に昨日の働きを褒め、家来衆にもその旨を伝えること、隙が明き次第、お礼に参上すると伝えているが、静原山城攻めに関するものだろう。

11月4日、信長は再び上洛した。京都から追放された義昭を一時保護していた若江城の三好義継と義継をあやつる松永久秀に圧力を加えるためである。信長が若江城へ佐久間信盛を向かわせると、多羅尾綱知、池田教正、野間長前《ながさき》の3人があっさり義継を裏切り佐久間信盛の兵を城内に招き入れ、義継を自刃させた。松永久秀の方は佐久間信盛を通じて降伏の申し出があったようで、11月29日、信長は信盛に対し多聞山城と久秀の子久通の実子を人質として引き渡す条件で久秀を赦免することを伝えている。多聞山城は12月26日信長方に引き渡され、当初、信盛と福富《ふくずみ》秀勝、毛利長秀が城番として入ったが、翌年1月11日には光秀に交代している、この城番は当初から1か月が目途になっていたようで、2月には細川藤孝、3月には柴田勝家が奈良に来ることになった。奈良在住の1か月光秀は英気を十分に養ったようだ。

記録に残るだけでも連歌会を二度催し、興福寺大乗院に伝わる法性五郎の長太刀を実見したことも知られている。この長太刀が寺社への奉納用に制作された巨大な太刀だったのか、薙刀（長刀）であったのか、この記事を伝える『尋憲記』の記述にゆれがあり判然としない。尋憲側から見れば光秀に召し上げられることも案の内だったろう、それでもそれを牽制するため光秀側に引き渡す際、それが特に重要なものである旨を念押ししている。興味深いのは光秀の反応だ。光秀はこの長太刀を尋憲のもとへその日のうちに返還したのである。しかもこの件をはからった尋憲に仕える進藤兵庫助に礼状も認めている。「御門跡様の長刀拝見いたしました。目を驚かせました。大事な御道具とのことですので、返上いたします。近々、参上してお礼を申し上げますので、御門跡様にもその旨よろしくお伝えください」という極めて丁重なものだった。松永久秀そして光秀が預かる前に多聞山城に入っていた福富秀勝、毛利長秀ら武士たちの横暴に苦慮していた尋憲にとって、かえって光秀の真意を疑わざるを得ないほどの神対応だったといえよう。

光秀が多聞山城にいたころ、信長は光秀の子を筒井順慶の養嗣子とすること、光秀の娘を細川藤孝の嫡男忠興と信長の甥、信澄に嫁するよう命じた。順慶との縁組は実現しなかったようだが、娘たちの婚儀は現実のものになった。信長が光秀を信任するからこその縁組だったろう。

光秀の娘、珠《たま》が忠興のもとに嫁ぐのは、天正6(1578)年8月だったという。珠は本能寺の変、関ケ原合戦に運命をもてあそばれ数奇な運命をたどる。今日細川ガラシャの名で呼ばれている戦国時代を代表する悲運の女性である。

第6章　惟任日向守光秀

京都代官光秀

天正元（1573）年7月、京都から足利義昭を追放した信長は村井貞勝を天下所司代に任命した。この天下は京都周辺を意味する用例で、所司代は本来軍事警察を担う侍所の長官代理といった意味なのであるが、『信長公記』に「在洛候て、天下の諸色申付けられ候なり」と記されるように、京都に常駐してさまざまな政務を処理し禁裏と連絡することなどが信長から命じられたのである。京都周辺の政務については、光秀も永禄12（1569）年から携わっている。貞勝も義昭の二条御所、禁裏の修築の奉行を勤めたことから京都に滞在することも多く、天正元年以前にも光秀と貞勝の連署状、さらに日乗上人を加えた3人の連署状が何通か知られている。室町幕府が少なくとも京都から消え去ったことで、それ以前とは比べ物にならないほどの処理すべき案件が天下所司代となった貞勝のもとにもちこまれることになった。そのすべてを貞勝一人で処理できたわけでなく、光秀も京都周辺の行政にその後も関与し続けた。天正元年12月から天正3年2月まで光秀と貞勝の連署

明智城跡（恵那市明智町）

状がだされ続けることになったのである。
しかし、純然たる吏僚《りりょう》である貞勝とは異なり、光秀には武将としての役割が次第に強く要求されるようになると、光秀は京都周辺にとどまることができなくなっていく。天正6年、信長から丹波攻略を命じられるまで、光秀は貞勝とともに、京都代官を勤め続けたのである。

天正2年以降、光秀の戦歴を追ってみよう。

正月27日には武田勝頼が東濃に侵出、明智城（恵那市）を囲んだ。2月5日信長は自ら救援に向かうが、すでに明智城は落城し、高野（瑞浪市）と小里（瑞浪市）に城を築き引き返した。『明智軍記』によれば、信長は主戦場が光秀の故郷周辺であるのでその案内のため光秀を参陣させたという。『尋憲記』によれば、光秀が信長陣の様子を多聞山城（奈良市）の細川藤孝に伝えているので、光秀が東濃に出向いた可能性はあろう。

7月13日、信長は伊勢長嶋一向一揆殲滅《せんめつ》のため岐阜を出陣した。9月には屋長島（三重県桑名市）、中江（桑名市）の砦を幾重にも柵をめぐらし、四方から火を放ちとり残された2万人にもおよぶ男女を焼き殺し、長嶋一向一揆を完全に平定することになる。光秀はこの戦いには加わらず京都周辺にとどまっていた。4月には本願寺が再び信長に対して兵を挙げ、高屋城（羽曳野市）の三好康長、伊丹城（伊丹市）の伊丹忠親らが本願寺に同調して、小競り合いが続いていたからだ。畿内の状況をつぶさに信長のもとに伝える任務が光秀に課せられていた。7月29日付の光秀宛信長黒印状は27日付の鳥羽（京都市伏見区）近辺に在陣していた光秀からの報告への返信である。信長は光秀からの知らせに切々と眞《まこと》に奇特と褒め、さらに南方（摂津周辺）の状況が詳細で眼前に見る心地がするとまで言っている。さらに、伊丹城へはすぐに攻め込まないよう指示し、援軍を送ることを提案しているがその判断は光秀に任せる、と伝えている。

8月になると細川藤孝も度々戦況を信長に報告している。信長からは油断することなく光秀と相談して対処するようにという指示が多い。9月には佐久間信盛が長嶋攻めの陣中から転戦しこの方面の指揮をとるようになるが、それまでの軍事指揮権は光秀に委ねられていたように思える。信盛はさっそく行動をおこし、9月18日には明智光秀、細川藤孝と共に飯盛城下（大阪府大東市および四條畷市）で三好勢と一向一揆を打ち破り、19日には萱振砦《かやふり》（八尾市）を攻めている。

天正3年3月3日、信長が入京する。この時、大津から新しく整備された山中道を使って、相国寺を宿舎にしている。4月6日、信長は1万余の軍勢を率い、南方へ向かって出陣した。一方、光秀はその2日前に2千余りを率いて先駆けしている。この時点で光秀が率いることのできた軍勢の数だろう。8日には前年落とせなかった萱振砦をあっさり攻略、三好康長の高屋城に迫った。その後信長は住吉、天王寺に移陣し、17日には新堀城（大阪市住吉区）を落とし、高屋城を孤立させる作戦にでた。三好康長は松井友閑を頼り信長に降伏することになる。信長は塙直政に高屋城をはじめ河内の城々の破却を命じ、21日には京都へ戻っている。この一連の戦いで『信長公記』に名前があがるのは、佐久間信盛、柴田勝家、丹羽長秀、塙直政だけであるが、羽柴秀吉も4月23日京都に滞在していたところを見ると参陣していた可能性が高い。東方への備えとして岐阜に残された信忠や前年に北伊勢5郡を与えられ、信忠の補佐役を期待された滝川一益を除く織田軍の重鎮が加わっていたとみてよいだろう。

信長が京都を後にしたのは4月28日だった。当初、信長は坂本から光秀の船で佐和山まで行く予定であったが、強風にはばまれ、安土の常楽寺で下船している。

信長が岐阜に着いたのは5月1日ころだろう。この時もまさに休む暇もなく、13日には信忠と共に岐阜を出陣した、武田勝頼に攻められていた長篠城（新城市）を救援するためである。5月21日、鉄砲を有効に使って、設楽原で勝頼を撃破した長篠の戦いは桶狭間の戦いとならんで信長を象徴する合戦である。信長軍団勢ぞろいといった風ではあるが、前年3月に多聞山城を預かり大和を中心に活動していた柴田勝家と光秀は参戦していない。但し、この時畿内に残された細川藤孝や筒井順慶も鉄砲隊は派遣していたので、光秀や勝家も同様だったろう。この時徴用された筒井順慶の家臣たちは出陣前に妻子に形見分けしているので、武田勢がいかに恐れられていたかよくわかる。

家久公御上京

織田家の命運をかけた戦いが始まろうとしたころ、はるか薩摩の地から都を訪れた武人がいる。島津義久の弟、家久である。家久は伊勢参詣を目的に上洛したが、その時の記録が『中務大輔家久公御上京日記』として残されている。4月17日、家久は旅の目的のひとつである愛宕山（京都市右京区）に参詣した。その前に清滝川ではらいをしたと記しているので、裸になって禊《みそぎ》をしたのだろう。入山する前の神事である。家久は愛宕山で1泊し、その後嵯峨を経て20日には上京《かみぎょう》に入り、翌21日から5月13日まで里村紹巴の門人、心前《しんぜん》の屋敷を宿にして、京都中の名所巡りを楽しんでいる。4月21日には、信長が南方から帰陣する様子や28日、信長が京都を離れる様子も見物している。特に、南方からの帰陣の行列は興味深かったのだろう、記述も詳細である。京都へ戻ってきた信長の軍勢は17か国の人数で何万騎か計り難かったと記している。京都から出陣した時は何日かに分かれていたし、帰国するには京都に立ち寄る必要のない諸将もいただろうから、信長は今日も一部の国々で催される軍事パレードのように京都に住む人たちの眼を楽しませ、畏敬の念を植え付けようとしていたのだろう。後に信長が安土と京都で主催した馬揃の原型である。

幟《のぼり》は9本あり、「黄礼薬」の銭の紋と家久は記しているが、黄色の永楽銭を洒落たものらしい。母衣《ほろ》衆たちの母衣の色はとりどりであった、帰陣にもかかわらず馬廻たちが重たい鎧姿であることに家久も驚いているようだし、面や鎧を着用したり虎の皮で飾られた馬たちも加わっているので、人々に見られることを強く意識した行列だったことがうかがえる。信長の前を行く馬衣や尾袋で飾られた3頭はお乗り替え用の信長の愛馬で、肝心の信長は「皮衣」の出で立ちである。皮（革）の陣羽織と皮袴でも着用していたのだろう。「眠り候て通られ候」と家久は結んでいる。馬上で眠りながらすごすのであるから、ある意味で馬術の奥義を極めたことになるだろう。信長と同時代に生きた安楽庵策伝の『醒睡笑《せいすいしょう》』の中にも、馬上で眠りから覚めた信長が側の者に場所をたずね、「東福寺《とうふくじ》」という返答に「あの白壁が（豆腐か）」と返したという笑い話があるので、馬上で寝るのは信長のよく知られた得意技だったのだろう。

5月14日、家久は里村紹巴と共に志賀に向かうことになる。この時も山中道を通ったようで、途中、春道列樹《はるみちのつらき》が詠んだ「山川に　風のかけたる　しがらみは　流れもあへぬ　紅葉なりけり」ゆかりの地をめぐり、近江に入った。すると紹巴から連絡があったのか、光秀の家臣3人が一行を待ち受けていた。3人は自分たちが乗ってきた馬を一行にすすめるが、家久たちはそれを辞退して、ゆっくりまわりの景色を楽しみながら進み、万葉の時代から近江を代表する歌枕、「唐崎の松」を見学し、坂本の宿に入った。すると、宿の後方に光秀が用意した舟が迎えに来て、家久たちは坂本城へ向かうことになる。光秀が用意したのは3畳敷の座敷に板葺き屋根のある立派な御座舟だった。よほど珍しかったのであろう、家久は屋根の上にのぼって楽しんでいる。城に着くと、光秀が自ら案内し見物している。

翌日、紹巴と共に坂本の町を散策し宿に帰ると、光秀からの使者が城へ来るように伝えてきた。家久はいったん断ってみせたが、光秀が城下に足を延ばして、一行と食事をすることになった。

会場となったのは4畳半の座敷で茶の湯の接待があったが、家久は作法がわからないとして、白湯を所望している。その後、竹が植えられた庭の一角に筵《むしろ》を敷き、朝倉兵庫助が加わり酒宴が始まった。この庭は琵琶湖に面していたのだろう、葦簀《よしず》と紐を使って鮒、鯉、むつ、ハヤを芦の生え際に追い込み、さらに竹を編んで丸くしたもので魚を捕獲したというので、筌《うけ》を使ってみせたのだろう。家久も「目さましき事也」と驚いている。その席に光秀は顔をださなかった。信長様が命運を懸けて武田勝頼と戦おうとしている大事な時なのでなぐさめごとは自粛、というのがその理由である。琵琶湖に面した庭を備えた4畳半座敷で茶室にも使える場所が城下にそう数あるとは思えない。光秀のことだからそれなりの茶道具も準備していただろうから、光秀が家久をもてなした建物は光秀もしくは重臣の屋敷だったろう。

酒宴の後、再び舟が迎えに来て、一行は風呂へ向かった。そこでは光秀も再び同席することになり、素麺や先ほど筌でとらえた鮒や鯉などを肴にして酒を楽しんだ。そこで、座興として急に連歌が始まった。発句は紹巴で「四方の風あつまりて涼し一松」、脇は光秀で、「濱邊の千鳥ましるかゐの子」と続き、家久に3句目が求められたが、これも家久は遠慮し、退席してしまう。今日の言葉でいえば明らかに、「KY（空気を読めない）」なふるまいだろう。茶の湯にしても連歌にしても決して家久にその嗜《たしな》みがなかったわけではない。京都滞在中、泉涌寺で茶室を見物していたところ茶の湯をすすめられ、それには素直に応じているし、京都中あらかた見物を終えた5月になると連日、連歌三昧の日々だったことも日記からうかがえるからだ。家久は光秀という人物を異常に警戒していたように思う。名目としてはプライベートな旅であるものの、将来、敵にも味方にもなりえる織田家の重臣ということで島津一族のひとりとして気負いがありすぎたように思う。連歌はそのまま続けられたのであろう。退席した家久は和田玄蕃《げんば》と共に城を案内されているので、この風呂も坂本城内にあったものと考えてよいだろう。家久の日記には具体的な坂本城の姿はあまり記されていない。家久が興味を示さなかったのではなく、一番大切なことは口伝にするのが日本文化の特質である。多くの蔵が立ち並び薪が積み上げられている様を「言の葉に及ばず候」とだけ家久は書き残している。その後、一行は光秀に暇乞いして光秀の用意した舟で宿に戻っていった。

茶の湯の辞退、連歌の途中退座といったふるまいをした薩摩の若者に対して、光秀が好感をもったわけはなかろう。家久にしても少しは反省していたかもしれない。それでも光秀は家久やそのまわりの人の想像の斜め上をいく神対応を見せている。家久が宿でしばらく休んでいると、光秀からの使者が訪れ、家久に宇治で作られた夏用の単衣《ひとえ》の着物である帷子《かたびら》が三領届けられた。家久は自分の着物が旅でくたびれていると光秀に思われたのか、と苦笑するしかなかった。島津家と織田家が正式な外交交渉をもつのは天正8（1580）年になってからである。信長は島津家とほぼ争いの決着が見えている大友家との和睦をすすめた。島津家がそれに応じたのには、この時家久が都でみた信長の姿や坂本での光秀の対応ぶりが十分に生かされたのだろう。

それではなぜこの時、光秀は家久をそれほどまでに歓待したのだろう。単に家久を連れてきた紹巴と光秀が親しかっただけではないだろう。おそらく、家久の上洛を知った信長から家久の人となりを探るよう命じられていたのではなかろうか。後に家久が奈良に立ち寄った時も多聞山城天主で各部屋をめぐり楊貴妃の間から付近の名勝を一望して感動しているし、さらに2階では番手の山県対馬守が自ら桃をのせた盆を持って現れ酒をすすめられた。その後舟渡しなどが無料になる過書まで対馬守から入手している。そのように家久が歓待されたのは、信長から指令が出ていたとしか考えられない。

長篠で武田軍を討ち破った信長が再び上洛したのは6月27日である。7月3日、朝廷は信長に官位を昇叙《しょうじょ》しようとしたが、信長は受け入れず、代わって、家臣たちが姓や官職を拝領することになった。この時から光秀は惟任《これとう》日向守と名乗ることになる。光秀と共に改姓したのは簗田広正が別喜、丹羽長秀は惟住《これずみ》、塙直政は原田である。いずれも九州の名族から選ばれ、惟任、惟住、原田姓は鎮西九党と呼ばれるグループに含まれる。また、この時、九州ゆかりの官職として秀吉も筑前守を賜ったようだが、姓と官職とも九州揃えになっているのは光秀だけだ。

細井戸右近宛て明智光秀書状（部分）。
惟任日向守　廿七日光秀（花押）
（美濃加茂市民ミュージアム所蔵）

九州の大名で信長と古くから交流があったのは大友氏ぐらいであるが、武田勝頼に大勝した信長の脳裏には家久の上洛も刺激になったのか光秀を中心とした九州制圧の構想が芽生えていたのかもしれない。

越前制圧

７月17日、岐阜に帰城した信長はほぼひと月岐阜にとどまっただけで、８月12日には越前へ向け出陣した。天正元（１５７３）年、朝倉氏を滅ぼした信長は朝倉旧臣の前波吉継を守護代としたが、翌年1月には朝倉旧臣富田長繁と対立し敗死、２月には富田長繁も一向一揆に襲われ自害し、越前も加賀同様一向宗徒の支配する百姓の持ちたる国になっていた。この越前制圧戦に信長が動員したのは信忠と信忠付の諸将を除いた3万で、さらに若狭、但馬、丹後の水軍１００艘も加わっていた。８月15日風雨の中、戦いの火ぶたが切られた。諸口から攻め入った織田軍のうち最大の戦果をあげたのが光秀と羽柴秀吉のコンビである。敦賀から越前の府中へ向かうのには木ノ芽峠を越え北陸道を通るのが一般的で、元亀元（１５７０）年、天正元年には信長もこのルートをめざした。ところが光秀と秀吉は敦賀から海岸沿いを進み、河野（南越前町）の新城に立てこもる若林長門守らを蹴散らし、大塩（越前市）の円強寺を下し、その日の夜には三宅権丞が立てこもる府中龍門寺（越前市）を制圧してしまった。翌日には信長本隊も木ノ芽峠を通り、信長軍はいっせいに越前に乱入したのである。光秀と秀吉を先行させたのには理由があった。織田軍が木ノ芽峠を制圧すれば一揆勢は一斉に府中へ逃げ帰ることを見越して、光秀と秀吉は府中で二手に分かれて待ち受け、一揆勢を一網打尽にする計画であった。光秀勢、秀吉勢による虐殺はすさまじく、近辺で討ち取った者を合わせると2千余人が切り捨てられた。8月17日、信長は京都の村井貞勝に「府中町は死骸ばかりにて一円あき所なく候」とその様子を伝えている。16日に信長は府中龍門寺へ本陣を移し、23日まで滞在した。信長は人数を四手にわけ執拗に一揆掃討戦を命じた。さらに、信長は光秀、秀吉、稲葉一鉄父子、細川藤孝、別喜広正に加賀侵攻を命じ、22日までには能美郡、江沼郡（能美市・加賀市・小松市・白山市一部）といった越前に接した地区を制圧している。加賀の2郡については光秀が代官として一時占領行政を担った。

加賀へ向かう2日前の8月21日、光秀は加賀国境に近い豊原城（坂井市）で、小畠永明に書状を送った。小畠永明は丹波の国衆であったが、光秀の越前攻略にも加わり負傷して戦線を離脱していた。「疵如何候也《きずいかがそうろうや》」で始まるこの書状では、遠く離れていることを理由に使者を送ってその後の病状をたずねなかったことを詫び、越前はすでに平定されたこと、加賀を平定し帰陣したら、自ら出向いて会いにいくと伝えている。負傷や病気へのいたわりの文書が数多く残っているのが光秀文書の特徴ではあるが、戦死はいざ知らず軍《いくさ》で負傷するのは日常茶飯事だったろう。負傷者ひとりひとりに書状を送っているのでは、いくら手があっても足りないだろうし、まして21日は熾烈《しれつ》な一向一揆掃討戦が続けられている最中だ。この時期に光秀が書状を送ったのは間近に迫った丹波攻めにとって小畠永明こそ光秀にとってのキーパーソンというべき存在であったからだろう（なお、この書状に記される小畠永明の負傷は従来丹波国内での戦闘によるものとして理解されてきた。これを越前での負傷としたのは、金子拓『信長家臣明智光秀』平凡社新書の説によった）。

９月14日、勧修寺晴豊が勅使として越前に派遣され、吉田兼見も同行することになった。兼見は坂本で光秀に音信しその後面会したと『兼見卿記』には記している。谷口研語氏は『兼見卿記』は兼見が後日まとめた段階で混乱があり、光秀はこの時越前にいたと考えている。17日に兼見一行は北之庄（福井市）の信長本陣をたずねている。その後、羽柴秀吉、原田直政、佐久間信栄、柴田勝家、細川藤孝とは面会しているが光秀の名は見られない。光秀はこの時期、まだ加賀にとどまっていたのだろう。

信長は谷合の一乗谷ではなく平野部の北之庄（福井市）を越前の中心地と定め、ここに自らが縄張りして築城を開始していた。その普請現場へは信長自ら足を運んでいたことも『兼見卿記』からうかがうことができる。信長はここで越前8郡を柴田勝家に与え、不破光治、佐々成政、前田利家3人に府中の2郡を与え、勝家に対する目付を命じた。後に彼らは府中三人衆と呼ばれることになる。さらに大野郡の3分の2を金森長近、敦賀郡は武藤舜秀《きよひで》に与えた。この時、信長が定めたのが「越前国掟」である。「越前国掟」は9条からなる長大なものであるが、ここでは最後の条を紹介しよう。

「何事も信長が指示する通りに行動せよ、さりながら、無理、法に則ってないと思いながら巧言《こうげん》を言ってはならない、その際、きちんと申し出てくれれば、理に従って聞き届けることになるだろう。とにかくも我々を崇拝し、裏で悪く思ってもいけない。我々のいる方向には足もむけないようなこころもちが重要だ。その気持ちがあれば侍としての冥加《みょうが》も得られ長久でいられるだろう」

信長は異見に聞く耳を持つと言っているものの、家臣にとってそれはかなり難しいことのように思えてしまう。

信長は光秀に越前から直接丹後へ向かうよう命じた。越前攻略戦には一色義道が船で出陣し越前の浦々、湊々を攻撃し、光秀と秀吉の海岸侵攻作戦を助けている。義道は名目上すでに丹後国主であったが、越前攻略戦に協力した功績で改めて信長からその地位を認められたのである。そして、丹後国内の反一色勢力を一掃するため光秀が派遣されたのであろう。光秀が丹後に出陣したのは21日で23日には坂本へ帰城していることが、光秀が後に愛宕山百韻の舞台にもなった威徳院に送った2通の書状からうかがえる。わずか3日ほどの滞在で戦闘行為も伴わなかったのだろう。25日付の書状では近日中に光秀が愛宕山へ参詣することも伝えている。それが実現され

愛宕山の山頂にある愛宕神社本殿
（京都市右京区）

たかどうかを裏付けることはできないが、光秀と愛宕山の関わりを示す現存するもっとも古い史料ということになるだろう。

第7章　丹波攻め

丹波攻略のはじまり

光秀の戦国武将として第一の功績といえば丹波攻略だろう。天正８（１５８０）年８月、信長が佐久間信盛を追放した際、認めた自筆折檻《せっかん》状に「丹波国日向守働き、天下の面目をほどこし候」と記したことにもよくあらわれている。

丹波は古代の行政区画、五畿七道では山陰道に属し、京都から現在の島根県や鳥取県へ抜ける入り口であった。現在の行政区分では大きく京都府と兵庫県に分かれるものの一部は大阪府にも編入され、複雑に分割されてしまった。濃尾平野のような平坦な地勢とは異なり山塊で分断された小盆地の土豪たちが自立しながら複雑に離反連携を繰り返した地域を光秀も簡単には攻略することができなかった。光秀は天正３年から同７年まで足掛け５年もかけて、ようやくこの国を制することができたのである。信長軍団の他の武将たちの力も借りて、大軍を複数の拠点に一気に送り出し、その後のゲリラ戦で抵抗勢力を徹底的に弾圧するという方法もあっただろうが、光秀は自らの軍団だけで時間をかけて丁寧に勢力を浸透させる方法を選んだ。だからこそ、江戸時代には逆臣というレッテルが貼られた光秀をひそかに祀った寺社がこの地域に点在することになったのだろう。

丹波は6郡に分かれている。そのうち山城と接するのは桑田郡である。古代から国府がおかれた丹波の政治的中心地であった。桑田郡は山陰道に沿った地区と東北の若狭へ抜けるふたつの地区に分けられ、その間には愛宕山に連なる山塊が横たわり、直接陸路で行くにはかなり大回りしないといけない。この東北の地区には宇津氏の本拠地、宇津城（京都市右京区）があった。桑田郡から西へ山陰道を進むと船井郡に入る。戦国時代、在国しない守護細川氏に代わって丹波衆をまとめる役を担った守護代内藤氏の拠点八木城（南丹市）があった。船井郡からは西へ進む道もあり、八上城（兵庫県丹波篠山市）の波多野氏が支配する多紀郡がある。多紀郡から西へ向かうと氷上《ひかみ》郡、船井郡から山陰道を西へ進むと天田郡があり天田郡の東北にある何鹿《いかるが》郡をあわせて奥三郡とよび、この時代、黒井城（丹波市）の荻野直正の勢力下におかれていた。

信長が丹波攻略を光秀に委ねようと思ったのは、長篠の戦いで武田勝頼を撃破し、岐阜へ凱旋した直後である。6月7日、信長は桑田郡に所領をもつ川勝継《つぐうじ》氏に朱印状を送り、

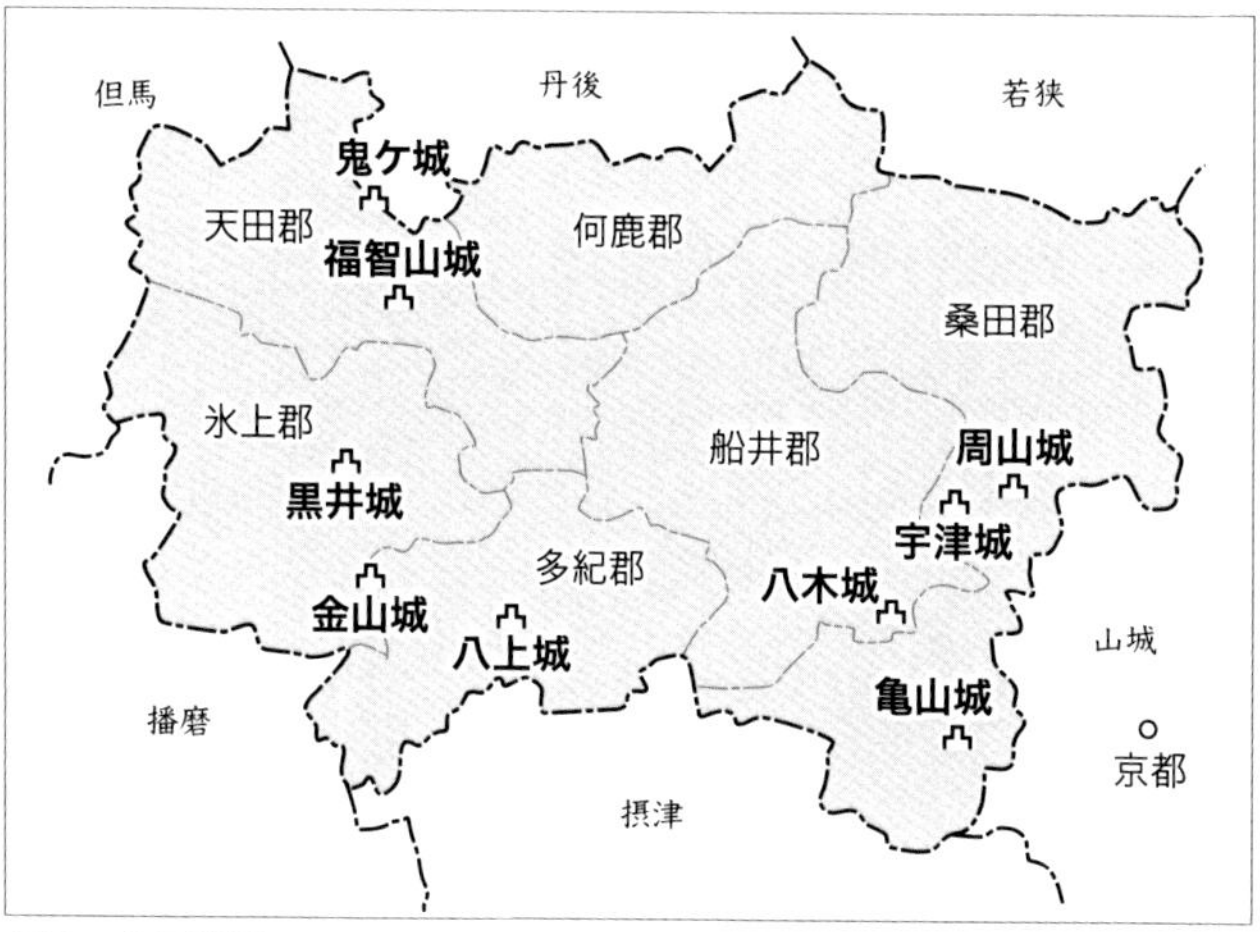

丹波の主要城郭

八木城主内藤氏、宇津城主宇津氏が信長に敵対し出仕しないので、光秀を派遣し誅伐《ちゅうばつ》すると告げている。内藤氏や宇津氏は天正元年２月義昭一度目の挙兵の際、義昭の要請に応じて上洛した。７月の再挙兵の時は動かなかったものの、その後も信長のもとに出仕しなかったのである。当初信長は桑田郡・船井郡２郡の土豪たちを細川藤孝の与力にしようとした。それがどうもうまくいかなかったので、光秀の出番になったのである。６月上旬、光秀は一時丹波に出兵したらしい（金子拓『信長家臣明智光秀』平凡社新書）。

この時、光秀の道案内として活躍したの

が船井郡宍人《ししうど》（京都府南丹市）の小畠常好の弟永明であった。10日付の信長朱印状写では永明の活躍を褒めると共に、その勢いのまま丹後へ出兵するとまでほのめかしている。しかし、光秀による一度目の出兵では簡単に片付かなかったようで、17日、永明宛ての信長朱印状では、再び内藤氏・宇津氏を攻撃対象にあげ、船井郡の土豪たちに信長への忠節を求め、内藤氏や宇津氏に同調するのであれば成敗すると圧力をかけている。

光秀は第2次丹波出兵を準備し、7月24日には永明に宇津表での戦いのため、桐野河内（南丹市）に着陣すると伝えた。その際、鍬《くわ》・鋤《すき》など土木工事の道具を携え、侍だけでなく土民も徴用し、木材を伐《き》り出させるため鉞《まさかり》を持って杣《そま》を帯同するように求めた。光秀の第2次丹波出兵は予定通りにはいかなかった。8月から始まる越前制圧戦に光秀も参陣するよう信長から命じられたからだ。この越前侵攻には小畠永明も従軍し、負傷したことは前章で紹介したとおりである。光秀の丹波攻略は出だしから、丹波国内の複雑な政治状況そして信長から気まぐれのように命じられる新たな指令に翻弄されることになったのである。

第３次丹波出兵

９月23日ようやく坂本へ帰陣した光秀であったが、まさに休む暇もなく、再び丹波出兵を信長から命じられた。10月１日、信長は丹波の片岡藤五郎に宛て、光秀を派遣するので協力して戦うよう誘っている。但し、今回の標的は内藤氏や宇津氏ではなかった。宇津氏がなぜ攻撃目標から外されたかは不明だが、内藤氏は小畠氏をはじめ周囲の土豪たちが光秀方になびいたのと実権を握っていたキリシタンとしても著名な内藤如安《ジョアン》が失脚したことによるものだろう。この時の攻撃目標は黒井城主の荻野直正である。直正は赤井時家の次男であったが、荻野家の養子となり、叔父荻野秋清を討ち黒井城を奪った。赤井家は直正の兄、家清が嗣いだものの、弘治３（１５５７）年に死去、遺児忠家を直正が補佐することになり奥三郡ににらみをきかせていた。直正は京都を追放された足利義昭や甲斐の武田氏と連絡し羽柴秀吉とも通信するなど戦国時代の策士らしい外交を展開した。その勢力は丹波国内にとどまらず、光秀が満を持して攻め込んだ時は但馬竹田城（兵庫県朝来市）を攻撃している最中だった。

11月24日、但馬の八木（養父市）城主八木豊信が毛利家の重臣吉川元春に宛てた書状で、出石《いずし》城（豊岡市）の山名韶熙《あきひろ》、竹田城の太田垣輝延が信長に懇願し光秀が丹波に乱入した、荻野直正は竹田城の囲みを解き黒井城に籠城しているが、光秀は12〜13の付城を築き包囲している、兵糧などが続かないだろうから来春には片付くだろう、丹波の国衆の過半は光秀の一味になっている、と報じている。また、光秀の使者が信長の朱印状を持って但馬に来たこともわかるので、信長と光秀は丹波と但馬の反信長勢力を一気に壊滅させることができると踏んでいたに相違ない。

翌年正月15日、事態が一変した。光秀と共に黒井城攻めに参陣していた八上城主波多野秀治が突如反旗を翻したのである。黒井城包囲網は一気に綻《ほころ》びが生じ、光秀の女婿、織田信澄も高島郡（滋賀県高島市）から北白川（京都市）まで駆け付けたものの、戦況を好転させる手立てがなく、光秀は21日に坂本城へ逃げ帰ることになった。こうして、光秀三度目の丹波出兵も大きな成果を上げることはできなかったのである。2月18日、光秀は丹波に戻っている。この時は直接的な戦闘行為が目的でなく、丹波攻略の作戦練り直しと拠点整備が目的だったろう。氷上郡の波多野秀治が敵対したことで、奥三郡の荻野直正を直接攻略することは難しくなった。信長も荻野氏と波多野氏を同時に敵にまわすのはまずいと判断したのだろう。

４月13日、信長は丹波の矢野弥三郎に赤井忠家と荻野直正が詫び言を言ってきたので赦免してやったと告げている。この朱印状には光秀の副状があり、昨年から弥三郎が光秀に協力していること、弥三郎の働きによって、赤井忠家と荻野直正が信長のもとめに応じたこともわかる。但し、信長朱印状にある詫び言は額面通りではなかろう。直正にしても形式的に和睦に応じたものの、その後も毛利氏や本願寺と連絡を取り続け、信長には面従腹背《めんじゅうふくはい》のままだったのである。

天王寺砦

荻野直正との交渉を進めながら、４月になるとさらに別の指令が信長から光秀にくだる。本願寺攻めである。荒木村重には尼崎から海を使い大坂の北、野田、光秀と細川藤孝は大坂の東南、森口・森河内、原田直政には天王寺に砦を築き、本願寺を包囲するよう命令がくだされた。光秀が出陣のため京都を通ったのは4月14日である。光秀はその後佐久間信栄《のぶひで》と共に天王寺砦を固めることになった。29日には信長が上洛し妙覚寺に入っている。信長は前年の11月に家督と岐阜城を嫡男信忠に譲り、この年の2月には建設途上の安土へ移り住んでいた。この時は安土からの初上洛ということになる。

信長の入京プレッシャーからか、原田直政はここで痛恨のミスをする。5月3日、木津の砦を攻め、反撃にあい直政をはじめ多数の戦死者をだす大敗北を喫してしまった。勢いづいた本願寺門徒は光秀らの守る天王寺砦を取り囲んだ。敗戦の報をきいた信長は分国中に残らず出陣するよう命じ、5日には京都にいた2千の兵を率いて出馬することにした。6日には若江城に入り様子をうかがい後続を待った。7日の時点では、佐久間信盛、松永久秀、細川藤孝、滝川一益、羽柴秀吉、丹羽長秀、稲葉一鉄、安藤守就、氏家直通、荒木村重らが顔をそろえたものの兵力としては3千ほどしか集まっていなかった。その間、天王寺砦からは救援要請が続々と届く。後続の兵を待ち、天王寺砦の味方を見殺しにするのでは、自分の評判が悪くなると信長は開戦を決意した。

数千挺の鉄砲をもつ１万５千の本願寺門徒に対して、信長は荒木村重に先駆けを命じた。村重は自分は木津口のおさえをすると言ってそれを断っている。後に信長は村重に先陣をさせずよかったと語ることになる。信長は自ら先陣の足軽たちに交じって戦った。銃弾が足をかすめたが、大事にはならなかった。一揆をかかり崩した信長勢は無事天王寺砦にまでたどり着く。それでも、多勢に無勢は変わりない。信長は家臣たちがすすめる籠城策を一蹴し、敵が眼前に迫ってくるのは天が与えた好機と砦から打って出た。本願寺門徒も意表を突かれたのであろう。少数の信長軍に城戸口まで追い詰められてしまった。その後、信長は本願寺の周囲に10か所の付城を築き、天王寺砦には佐久間信盛、信栄父子を置くことにした。

光秀病に倒れる

信長が京都に帰陣したのは６月６日である。一方光秀は５月23日には京都にいた。陣中で発病し、曲直瀬《まなせ》道三の治療をうけるためである。24日、光秀の室から吉田兼見に光秀の病気平癒についての相談があり、兼見は人形《ひとがた》を使う方法を伝授している。さらに26日には病気平癒の祈願も依頼されている。この日は信長から光秀のもとに見舞いの使者がつかわされている。信長も昨年6月から光秀を酷使しすぎたことを少しだけ気にしていたのかもしれない。光秀の病状は一向に回復しなかったようだ。6月12日には風痢《ふうり》にかかって死亡した、という噂を山科言継が日記に書き記している。その後、危機的状況は脱し、光秀は坂本に移り養生を続けた。7月14日には吉田兼見が坂本に見舞いに出掛けている。

天正4年の『兼見卿記』には、光秀および光秀関係者の病などの相談が数多くのせられている。

9月4日には東美濃の可児六郎左衛門から息子彦法師が怨霊に苦しめられ、それを鎮めるための祈祷が依頼された。この時の祈祷はかなり本格的なもので25日から始まり、結願したのは29日だった。10月10日には光秀室が病に倒れた。この時も療養は京都のようなので曲直瀬道三を頼ったのだろう。兼見も祓守りを持参し見舞いに行っている。24日には病気が平癒したと、光秀からの使者が銀子1枚を持って兼見を訪ねている。しかし、11月2日には病気が再発したらしく、兼見も見舞いに出向き、光秀とも面会している。『兼見卿記』

にはその後の光秀室についての記述が一切なく、病がどうなったのか確かなことはわからない。なお、西教寺には光秀室の墓と伝えられている五輪塔がある。寺伝によると、光秀の室は妻木範熙《のりひろ》の娘で天正４年11月７日に亡くなったという。

亀山城と周山城

丹波の小畠永明は光秀と光秀室の病ときいてそれぞれに見舞いの書状を送った。それらに対する光秀からの礼状が知られている。６月13日には自らの病状は回復し、すぐにでも元どおりになる、10月25日には室も問題ないので見舞いは不要であると永明に伝えた。なお、ふたつの書状からは永明がどこかの普請に携わっていたことがわかる。光秀が自らや妻が病にふせっている時ですら気にかけているのだからかなり重要な土木工事だったに相違ない。だとすると、光秀が丹波攻略の拠点として築いた亀山城の普請ではなかったろうか。

亀山城は京都府亀岡市にあり、福知山を経て山陰へ抜ける山陰道と光秀の丹波攻略最大の難関になった八上城のある丹波篠山市へ抜けるルートの分岐点である。光秀が丹波攻略に着手したころは亀山城から北西1キロにあった余部《あまるべ》城を拠点として使っていた。余部城は平城だったが、亀山城の主郭部は台地上にあり、天守からは城下が一望できた。本能寺に向かって光秀が出陣したのもこの城からである。亀山という地名も光秀時代からのものでその選定には当然光秀も関わったはずである。

天正5年正月晦日、光秀は小畠永明、長沢又五郎らに2月5日～10日までの間、亀山惣堀普請を申し付け、その代わり本願寺を包囲する砦のひとつ森河内（東大阪市）の番替を延引すること、鋤・鍬・もっこなどの用具持参で亀山に来ることを命じている。この惣堀は城下町を取り囲む総構の堀のことだろうから、亀山城中枢部の普請が前年の6月には始まっていてもよいだろう。だとすると、光秀がこの地を選んだのは前年本願寺攻めに駆り出される直前で基本的な縄張りもその際定めただろう。その後、軍や病で現場を視察する機会はなかったので、光秀としても気になって仕方なかったはずである。

築城の名手であった光秀のことだからさぞさまざまな創意を亀山城にも凝らしたであろうが、坂本城と違って光秀時代の亀山城をしのぶ同時代の記録は残されていない。本能寺の変後、羽柴秀勝や小早川秀秋が城主だった時代があり、江戸時代には天下普請で大改修され、５層の天守が明治には残っていたが、その後城跡は荒廃し、大本教の所有するところになった。さらに、戦前の大本教弾圧の際、城跡は徹底的に破壊された、と伝えられてきた。しかし、近年天守台の石垣に光秀の城下、坂本地区の石工集団に由来する穴太《あのう》積みと思われる部分が残り、一部は光秀時代にさかのぼるのではないかという指摘もされている。

丹波地区には光秀ゆかりの城郭が多数残されている。光秀がもっとも想いを込めて築いた城をふたつ挙げるとすると、筆者は亀山城と周山《しゅうざん》城を選びたい。

周山城は京都市右京区京北周山町にある山城で、麓には京都から若狭へ抜ける周山街道が走っている。黒塗りで有名な光秀の木像（カバー写真・口絵）を伝える慈眼寺もすぐ近くだ。天正９（１５８１）年８月14日、光秀はここに津田宗及を招き、月見と連歌を楽しんだ。周山も光秀の命名である。戦国時代の京都に生きた江村専斎の口述をまとめた『老人雑話』には「明智、亀山の北愛宕山のつゝきたる山に、城郭を構ふ。この山を周山と号す。自らを周の武王に比し、信長を殷紂《いんちゅう》に比す、これ謀反の宿志なり」という記述がある。殷

周山城跡遠景。光秀が十五夜の月を楽しんだ周山は現在、京北十景に選ばれている（京都市右京区）

紂は中国古代の王朝、殷の最後の王を指す。悪逆非道の限りをつくした紂王を滅ぼし理想の政治を行ったのが周王朝の武王である。光秀は信長を紂王、自らを武王になぞらえていたというのである。しかし、江村の説には到底賛同できない。光秀の命名は明らかに岐阜を意識したものだ。岐阜は信長の命名とされ、殷を滅ぼした武王の父文王の拠点、岐山にちなむ。光秀が周山城を築いた時代には、信長の嫡男・信忠が城主である。信長が住まう安土を中心に東に岐阜、西に周山を配し、信長政権がめざすべき理想の政治体制を象徴する一種の曼荼羅《まんだら》でもあったのだ。

周山城は標高４８０メートル、比高差２３０メートルの山城で、山頂の主格部には壮大な高石垣が残っている。天守台、折れを多用する虎口《こぐち》構造、瓦葺の建物など岐阜城に共通する構造である。このような選地は光秀が直接関わった丹波地区の城郭には見られない。光秀は岐阜城と一対のものにするためこの地を選びこの城を築く必要があったのだ。

周山城は亀山城と一対のものでもあったろう。共に京都から丹波地区への入り口にある。亀山は日本的な理想郷、蓬莱を思い起こさせるものだったし、周山は中国の儒教でもっとも理想的な政治が行われた周の時代を追慕して名付けられた。いずれもユートピア思想を根底にはらんでいたのである。

雑賀攻めと久秀の最期

光秀が病にふせっている間、本願寺をとりまく争いは大きく状況が変わろうとしていた。

天正４年正月までは表向き友好とはいえないまでも互いの主張を認め合っていた信長と毛

利氏の外交関係が決裂に向かって動き出していた。2月には義昭が備後鞆《とも》(広島県福山市)に移り、半ば毛利氏の庇護《ひご》をうけるようになり、毛利氏は本願寺とも直接手をむすんで信長に敵対する準備を始めたのである。6月には毛利の水軍が淡路島の北端に現れ、大阪湾への侵入を準備していた。7月13日には700～800艘の大船が木津川口まで侵入、信長方の水軍300艘を蹴散らし本願寺に兵糧を入れた。本願寺を兵糧攻めにするという信長の作戦が根底から崩れたのである。

悪い知らせばかりではなかった。翌5年2月、本願寺を支援する紀伊の雑賀と根来寺の内部から信長に味方する者が現れた。信長はすぐさま紀伊に兵を出すことにした。信長が安土を出陣し京都に着いたのが2月8日だった。この戦いには織田家の家督を嗣いだ信忠も濃尾の諸将を率いて11日には守山(滋賀県守山市)に居陣している。10日、信長は細川藤孝に13日に河内(大阪府)まで出陣し、光秀、荒木村重と相談し、信長からの指令がなくとも和泉近郊まで侵出せよと命じた。13日には信長も京都から動き、22日には志立(泉南市)に着陣した。ここで信長は軍勢を二手に分け、光秀は滝川一益、丹羽長秀らと浜側を進み、淡輪《たんのわ》口(大阪府岬町)からは籤《くじ》で三手に分かれ、光秀は藤孝と中筋道を進んだ。

３月１日には雑賀孫一の居城を包囲、15日に開城させている。信長軍が引き揚げたのは21日であるが、信長は途中佐野（泉佐野市）に光秀、佐久間信盛、丹羽長秀、羽柴秀吉、荒木村重を残し、砦を築くよう命じた。砦の完成後は根来出身の杉の坊と津田信張を定番とした。

雑賀攻めが一段落した４月６日、光秀は愛宕山に登り連歌会に加わり、続いて細川藤孝を亀山に誘い、８日には城初の連歌を楽しんでいる。しかし、この時も長く丹波に滞在したわけではなく、和泉周辺の警戒に駆り出されたようだ。６月29日には堺の津田宗及に招かれ茶の湯を楽しんでいるが、７月、雑賀衆が兵を挙げると、信長側近の万見重元から光秀に援軍を出すよう指令がでている。

９月14日、光秀は上洛し連歌を楽しんだ。この時点では天王寺砦にいた松永久秀が本願寺に通じて信長に対する二度目の裏切りを決行し信貴山城に立てこもるという大事件がおきてひと月たつころである。松井友閑を派遣しての交渉も進展がなく、信長は信忠に久秀討伐を命じた。信忠は27日に岐阜を出陣、28日に安土に着陣した。光秀、細川藤孝と筒井順慶ら山城衆にも出陣命令が下っており、10月１日には片岡城（奈良県上牧町）を攻め落としている。「惟任日向守、是又手を砕き、究竟の者二十余人うたせ、粉骨の働き名誉の事なり」と『信長公記』は光秀の活躍ぶりを特筆している。

同日、信忠が安土から出陣する。この時、信忠は直属の美濃尾張衆の他、佐久間信盛と直前まで北陸に派遣されていた羽柴秀吉、丹羽長秀を伴っている。この出陣は信忠が織田家の代表として軍の采配をふるう最初の戦いになった。5日、久秀からの人質は六条河原で斬首されている。10日の晩、信忠は信貴山城攻撃を命じる。松永久秀は天主に火をかけ焼死した。久秀は信長がのぞんでやまない平蜘蛛の茶釜と共に爆死したと伝えられている。奇しくも久秀が奈良東大寺の大仏殿に火を放ったのが永禄10（1567）年、10月10日であった。この日の信忠の兜《かぶと》には鹿の角が前立として飾られていた。そのため、久秀の死は鹿を神の使いとする春日明神のなせる業という噂が広がった。一方、吉田兼見は久秀の敗死を永禄8年、将軍足利義輝を襲殺した報いととらえている。

第４次丹波出兵

10月になって、光秀はようやく丹波攻略に本腰を入れることができるようになる。この時点での目標は亀山から波多野秀治の拠点八上城までのルートを確保することである。29日には籾井城（丹波篠山市）を攻め始め、11月17日には乗っ取り、多紀郡内の11か城を攻め落とした。波多野秀治の八上城と秀治の家臣荒木氏綱が立てこもる荒木城（細工所城・丹波篠山市）も調略をすすめており、落城寸前のように光秀には思われた。短期間にこれだけの戦果が上げられたのは、光秀が丹波を離れていた時期にも小畠永明をはじめとする在地の土豪たちが調略をすすめてくれたからだろう。

しかし、この時光秀が考えていたようには事態は進行しなかった。荒木城が落城したのは翌年の４月であり、この時は滝川一益・丹羽長秀の援軍を得て、水の手を止め、ようやく開城にもちこんだのである。この時の荒木方の激しい抵抗ぶりは「井串極楽、細工所地獄、塩岡《しょうか》・岩が鼻立ち地獄」という俗謡にうたわれている。

第8章　丹波平定

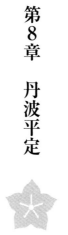

信忠の軍事パフォーマンス

前章で第４次丹波攻略を一連の流れとして紹介したが、光秀が前線にはりついていたわけではない。天正６（１５７８）年の元旦は安土へ出仕し、信長から茶の湯に招かれた。1月11日には津田宗及らを坂本に招き、元旦に信長から拝領した道具を使って茶会を開いている。光秀はその後もしばらく坂本にとどまったようだ。３月４日、信長は細川藤孝に丹波への出陣と20日までに氷上郡、多紀郡へ大軍が通れる道路を整備するよう命じている。藤孝は３月９日坂本へ向かっているので、光秀とその件で相談したのだろう。３月10日には、紹巴、光秀、藤孝が参加した連歌会があった。光秀の家臣、斎藤利三や光秀の子、光慶も参加しているので、丹波出兵の勝利を祈って坂本城で行われたのだろう。

２月末には毛利氏に通じた別所長治が三木城（兵庫県三木市）に立てこもるという大事件が勃発していたものの、『信長公記』に見る信長の行動といえば安土山での相撲興行や長命寺（近江八幡市）に泊まっての鷹狩りといったもので、いたってマイペースだ。光秀や藤孝は信長の命令に従って丹波に出陣しただろうが、3月23日、上洛した信長を藤孝が出迎えているので、荻野氏が支配する氷上郡は無理だろうが、多紀郡は突貫工事で軍用道路の整備を終えていただろう。

別所長治の謀反は光秀の丹波攻めにも影響はあった。長治の正室は波多野秀治の妹である。東播磨一帯が反信長勢力に鞍替えしたことで、陸続きで援軍や補給物資も期待でき、昨年から光秀に攻められっぱなしだった波多野秀治も息を吹き返したことだろう。新たな危機管理が求められるなか、光秀は大坂方面に出兵を命じられた。信長の上洛にあわせ、織田信忠も上洛していた。信忠は織田信雄《のぶかつ》、織田信孝、織田信包《のぶかね》、織田信澄、滝川一益、明智光秀、蜂屋頼隆、丹羽長秀、尾張、美濃、伊勢、近江、若狭、五畿内の大軍を率いて、大坂へ出陣し、4月5日と6日の2日間、本願寺周辺の麦苗を薙《な》ぎ棄てた。本願寺を完全に孤立させているのであれば、食料源を断つという意味で有効な作戦だったろう。

しかし、大阪湾の制海権が毛利水軍に握られ、海上からの物資や兵の補給が容易だっただけに、それほどの大軍を動員して行う必要があったとは思えない。しかも、その大軍は別所長治が反乱を起こした播磨へ向かうでも信長が道路整備を命じた丹波へ侵攻するのでもなかった。

4月8日、信忠が率いる大軍は勢ぞろいで京都に帰陣してきた。この時は信忠が率いる軍事パレードを京都に住まう人々に見せつけることが目的で麦苗の薙ぎ棄ては二の次だったのである。9日、信長は昨年松永久秀討伐後に任官したばかりの右大臣兼右近衛大将を辞任し、顕職は信忠に譲るよう朝廷に奏達した。朝廷がらみのお仕事は美濃・尾張を領し織田家の家督を嗣いでいる信忠に任せ、自らはさらに上のステータスをめざすという宣言である。昨年から続いている丹波攻略の陣頭指揮をとろうとしていた時期に、光秀は信長・信忠親子のパフォーマンスのために動員されたのだった。4月10日、信忠は岐阜へ帰陣する予定だったが、風雨が激しかったため延期している。その悪天候の中、光秀と滝川一益、丹羽長秀は前章で紹介した荒木城攻略のため出陣している。さすがに、ふたりの援軍があっただけに、荒木城はこの時あっさり陥落し、光秀らは26日に京都へ帰陣している。光秀としてはようやく八上城につながる関門のひとつを突破したので、引き続き攻勢を強めたかっただろう。しかし、信長からの新たな指令が光秀を待ち構えていた。

播磨出陣

4月22日に安土に戻った信長は27日にふたたび入京する。24日には岐阜に戻ったばかりの信忠に再び京都へ来るよう命じた。この時の目標は播磨である。東播磨の別所長治への手立てと共に西播磨の上月城（兵庫県佐用町）の救援がねらいだった。上月城では尼子家再興に生涯を賭した山中鹿介が毛利の大軍に囲まれていたからだ。信長は自ら兵を率いて播磨へ出陣するつもりだった。しかし、光秀、佐久間信盛、滝川一益、丹羽長秀が信長に異見し、光秀らが先駆けて様子を確かめてから判断することになった。光秀らが出陣したのは29日である。光秀が播磨へ向かう途中、5月4日に里村紹巴に送った書状がある。

出陣以来、ご連絡していませんでした

一　去る二日に明石に着きました。洪水のため一日逗留、今日、四日に書写山（姫路市圓教寺）を過ぎたところです。敵味方の様子は京都で聞いていたとおりです。

どのような成り行きになるかはわかりませんが、信長様の御本意通りになるでしょう。

一　話に聞く生田川・生田の森それより須磨の月見松・松風村雨の一本・つき嶋、それからまた明石潟、人丸塚、岡辺の里、思いがけなく見物しました。誠にあなたをお誘いしたらよかったと思っています。

一　御在洛とのことですから、あなたはさまざまな御遊覧をされていると思います。この度は西国の毛利との分け目の合戦になるでしょうから、信長様も気を詰めていると思います。しかしながら、敵は陣を取り立て籠っているだけで、合戦に及ぶ体ではないとも聞いてます。あなたは藤孝に会っているでしょうか。ゆかしく思います。叱前・徳運にもよろしくお伝えください。

尚〳〵　生田にて
　ほととぎす　いくたびもりの　木間哉
　夏は今朝　島がくれ行く　なのみ哉
人丸塚あたりで口から出ました。季節より早くておかしいですが。かしくこの書状の中にでてくる地名について補足しよう。生田川・生田の森（神戸市中央区生田町）は歌枕、和歌に関わる説話を集めた『大和物語』の舞台にもなっている。須磨の月見松、明石潟、岡辺の里は『源氏物語』ゆかりの地である。松風村雨は在原行平伝説のひとつで、世阿弥が「松風」で能に仕立てたことでも知られる。つき嶋は平清盛と人柱伝説がでてくる幸若の作品によるものである。人丸塚は柿本人麻呂の墓で現在も明石城内に祀られている。光秀の書状には文学に対する深い知識と想いが如実に表れている。

しかし、さすがの光秀も行軍中に、兵の動きを止めて、ゆっくり立ち寄ることなどできたとは到底思えない。ゆかりの地を遠目で見ながら、この旅が紹巴たち文芸の友との私的な旅行だったらなあという想いにかられていただけだろう。毛利との雌雄を決する場になるかもしれない戦場へ向かいながら、ふと頭の中で思いついた俳諧をどうしても紹巴に伝えたかったのだろう。

信忠率いる本隊は5月1日に京都を出発した。信長も当初5月13日に京都を出る予定だったが、11日からの長雨に賀茂川、白川、桂川が相次いで氾濫、京都中大洪水となり、架けたばかりの四条橋も流されている。さらに安土にも被害が及んだという報告があり、信長は安土へ下り、この時の播磨出陣は延期になった。６月10日信長は再び上洛する。それにあわせて播磨から羽柴秀吉が駆けつけ情勢を信長に報告、ふたりが協議した結果、山中鹿介が籠城している上月城救援を断念し、神吉城《かんき》（兵庫県加古川市）と志方城（加古川市）を攻め、その後別所長治の居城、三木城に向かうという方針が決定された。光秀、滝川一益、丹羽長秀は６月26日、三日月山（兵庫県佐用町）から撤兵、神吉城に向かうことになる。織田軍の撤兵により救援の道を閉ざされた尼子勝久は自刃して開城、山中鹿介は護送中に殺害され、長年にわたる尼子氏再興の戦いは終焉を迎えることになったのである。

『太閤記』では、山中鹿介が天正３（１５７５）年正月安土城に信長、続いて岐阜城に信忠を訪ねたことが記されている。むろん、天正３年は安土城建設前なので時代が合わないが、天正５年10月以前に鹿介が尼子家再興への協力を信長に求めていたことは確かで、美作《みまさか》の江見為久は鹿介の紹介で信長に属すようになっている。『太閤記』には鹿介が光秀の遊客をしていた時期に丹波攻略や松永久秀の信貴山城攻めでも活躍したという話ものせられている。『明智軍記』では光秀と鹿介は出雲一畑寺で出会っており、鹿介が光秀に頼み信長の支援で上月城に入城したという。その時光秀から50余騎の合力を与えられ、鹿介は光秀に感謝したという。さらに、幕末から明治初期にかけてまとめられた『名将言行録』には、光秀が鹿介を風呂に誘ったが、鹿介は光秀家臣との先約を優先した話などものせられている。

光秀と鹿介の交流を確かな史料では裏付けられないが、鹿介と光秀が知人であったなら、目前まで救援に駆けつけながら撤兵したことをどのように思っただろう。かつて天王寺砦で本願寺勢の大軍に囲まれて窮地に陥った際、少勢ながら自ら先陣に立ち救援に駆けつけてくれた信長の姿を知っているだけに、今回、自ら動こうともせず、鹿介らを見殺しにする選択をした信長に大いなる変質を感じとっていたのではないだろうか。

光秀が加わった神吉城攻めで、織田軍は城楼を組み上げ、その上から大鉄砲で塀や矢倉を打ち崩し火をかけ、築山を築いて攻め込んでいる。城兵たちは降伏を申し出たが信長は認めず、7月16日に本丸天主は焼け落ちた。西の丸の神吉藤大夫《とうのたいふ》はその後も戦い続けたが、佐久間信盛、荒木村重のとりなしで降伏が許され、藤大夫は志方城に退くことになる。志方城も神吉城を落とした信忠勢に囲まれ、こちらはあっさり開城。続いて三木城を包囲して付城を築き羽柴秀吉に委ね、信忠は播磨から8月17日に帰陣している。光秀がこの長陣から解放されたのもそのころだろう。光秀の娘が細川忠興のもとに嫁いだのも８月と伝えられている。光秀にとっても束の間の休日であった。

荒木村重の謀反

播磨から京都に戻った光秀が紹巴にすぐ会えたかは確かめられない。９月７日には坂本城へ播磨での戦陣を慰労するため訪れた吉田兼見と光秀は連歌を楽しんだ。兼見は11日にも坂本に出向き、光秀は兼見が所持している茶碗を所望している。９月13日には津田加賀守に書状を送り、14日には亀山に着き、18日には八上城後方の山に登り陣取りして10日間ほど滞在する予定であると伝えた。光秀が播磨に出向いている間にも籾井城を前線基地とした丹波衆が順調に勢力を拡大してくれたのだろう。９月には氷上郡で黒井城よりさらに奥にある円通寺（丹波市氷上町）にまで光秀の禁制が出されているので、奥三郡にも徐々に光秀の勢力が浸透していったことがうかがえる。

10月21日、有岡城（伊丹市）主の荒木村重が本願寺・毛利方に寝返ったという報告が信

有岡城跡（兵庫県伊丹市）

長のもとに届いた。光秀にとっても村重の逆心は別所長治の謀反をはるかに超える衝撃だった。光秀にとって村重は共に畿内衆としてチームを組んで戦った戦友だった。村重の嫡男村次には光秀の娘が嫁いでいたので、いわば身内から裏切られたことにもなる。精神的ショックだけでなく、地政的にも、有岡城と光秀が攻めていた八上城は直線距離35キロほどで、直接的な影響も計りしれなかったのである。信長は丹波攻略中の光秀を呼び、松井友閑、万見重元と共に有岡城に派遣した。この時、村重は少しも野心などないと返答したので、信長は喜び、自分の母を人質に送るので出仕するよう村重に呼びかけた。しかし、村重はそれには応じなかった。

11月1日、光秀は京都から小畠永明に永明の長期在陣に対して１００人分の兵糧を送ると共に、付城を堅固にすること、荒木重堅が山を越えて攻撃することを警戒すること、併せて、明智秀満を亀山へ派遣し、自らも一両日中に丹波へ出向くことを伝えている。しかし、実際には光秀がこの時期丹波へ向かう余裕などなかった。11月3日には信長が上洛して、村重問題を協議することになった。そして、光秀、秀吉、友閑に村重を説得させようとするが、翻意させることはできなかった。

村重の謀反は高槻の高山右近、茨木の中川清秀にも影響を与え、ふたりとも信長に敵対する動きをした。事態が好転するのは11月6日である。この日、木津表で九鬼嘉隆の率いる織田水軍が６００艘の毛利水軍を打ち破り、大阪湾の制海権を奪い返したのである。この時の主役は鉄に覆われ大鉄砲を数多積んだ6隻の大船である。

信長は9日京都を発ち、翌日には光秀、滝川一益、丹羽長秀、蜂屋頼隆、氏家直通、安藤守就、稲葉一鉄らを茨木城（茨木市）周辺に展開させ、信忠は信雄、信孝、信包ら一門衆と不破光治、前田利家、佐々成政ら越前衆を率い天神山（高槻市）に砦を築いて高槻城を牽制した。そして、ふたりをターゲットにした折衝が始められた。高山右近との交渉にはイエズス会宣教師も動員され、右近は16日に信長のもとに出仕している。11月19日、光秀は小畠永明が築城中の金山城（丹波篠山市）、国領城（丹波市）を見回りいずれも堅固であると報告してきたことに対して喜ばしいと感謝し、高山右近の出頭も伝えている。金山城、国領城共に氷上郡の黒井城と多紀郡の八上城を結ぶルートを分断するためのもので、八上城の波多野氏を支援する勢力のおさえ込みをねらっていたのである。

一方、摂津では中川清秀との交渉は少し手間取っていたが、最終的には清秀の従兄弟である古田重然《しげなり》（後の織部）らが仲介して、24日には信長に下り、27日、信長のもとに伺候している。

高山右近、中川清秀との交渉が進むなか、11月14日には光秀や滝川一益、丹羽長秀ら茨木城周辺に展開した軍勢に秀吉、藤孝が加わり、伊丹周辺に侵出し、刀根山（豊中市）近くに陣を取った。さらに、滝川一益、丹羽長秀は西宮、芦屋と進み、荒木元清の守る花隈《はなくま》城（神戸市）におさえの兵を置いて、兵庫、須磨、一ノ谷へ進んで、放火、撫で斬りなどで後方を攪乱し、12月4日に有岡城周辺の塚口（尼崎市）へ陣を移した。12月8日には有岡城攻めが始まるが、城下町全体を囲む総構も突破することができず、奉行として派遣されていた信長側近、万見重元が討死する様だった。有岡城への力攻めは多大な犠牲が予想されることから、織田軍による有岡城大包囲網が形成されることになる。その後、光秀は佐久間信盛、筒井順慶と共に三田城（三田市）への付城を築いた後、播磨へ派遣され、三木城を包囲する付城へ兵糧、鉄砲、弾薬を運び、普請工事もしている。

光秀が丹波に戻ってきたのは12月21日である。そしてそのころ、八上城包囲網も完成している。『信長公記』はその様子を次のように伝える。波多野氏の館を四方三里にわたって光秀の手勢で取り巻き、堀や塀、柵を幾重にも隙間なくめぐらし、塀際には町屋のような陣小屋をつくり、廻番《まわりばん》に警護させ、獣１匹はいでることができなかった。しかし、八上城の波多野氏も手をこまねいて籠城しているばかりではなかった。光秀が坂本城に戻っていた時期を狙い、付城を攻撃し光秀の丹波攻略に手足となって大活躍していた小畠永明を血祭にあげている。１月26日、光秀は宛先不明の書状の中で、永明の戦死について、筆になり難しと述べている。

２月６日、光秀は永明の遺児、伊勢千代丸と小畠一族に書状を送り、伊勢千代丸の家督継承を認め、13歳になるまで森村左衛門尉を名代とすることを命じた。なお、光秀は永明と伊勢千代丸に明智の姓を名乗らせている。光秀はその他の家臣にも明智姓を与えていたことが知られている。吉田兼見室の兄弟、佐竹宗実、近江堅田の土豪、猪飼秀貞、丹波須知《しゅうち》（京都府京丹波町）の須知九太夫の他、古くからの家臣、藤田伝五や光秀の伯父妻木広忠も明智姓を名乗っている。軍記物では光秀の甥とされる秀満や光忠についても、秀満は三宅氏だったし、光忠も高山氏だ。擬制的な血縁関係を結び勢力を広げるのは、土岐一族が美濃一円に勢力を伸ばす際に使った手法であろう。本来の明智一族をほとんど麾下《きか》に加えていなかった光秀にとってこのような手法でしか一門衆を形成することができなかったのである。

丹波平定

光秀が坂本から亀山へ向かったのは2月28日だった。3月16日には多紀郡に在陣しているので八上城周辺にいたのだろう。3月5日には信長、信忠父子が伊丹に出陣、信忠はその後、播磨に派遣されているが、一連の軍事行動に光秀は呼ばれなかった。その間、光秀は丹波から信長に４月15日馬を進上したが、信長はそれを下賜すると言って光秀に返してしまった。それに慌てたのか、光秀は23日に巣に入っている隼の子を改めて進上している。信長は帰京する５月１日まで伊丹周辺にとどまるが、『信長公記』には放鷹、名所見物など遊興的な記事ばかり記されている。軍事指揮権はすでに信忠に委ねられていたのだ。

八上城の兵糧攻めは確実に効果を上げていた。４月４日、光秀は丹後の和田弥十郎への書状で、八上城から助命退城などいろいろ懇願してくる、城内ではすでに４００～５００名の餓死者が出て、城内から逃げ出してきた者の顔は青く腫れ非人界の体(ゾンビのよう)、と記している。さらに、５月６日、戦死した永明の兄、小畠常好らへの書状では、調略をすすめているので、本丸が焼け崩れるような事態がいつ生じても不思議ではない、しかし、各々持ち場を離れ、城内に攻め入るのも固く禁じ、城内からの落武者についても自分の持ち分のみに専念せよ、たとえ城中が焼け落ちても３日間は様子を見、城内の略奪に気を取られ、退散する敵を討ちもらすな、敵は生物の類であればことごとく首を刎《は》ねよ、とまで命じている。

最終的に、光秀は調略を用い波多野三兄弟を捕らえることができた。3人は信長の待つ安土に送られ、6月8日、城下の端にあたる慈恩寺町末で磔《はりつけ》にかけられている。なお、光秀が波多野氏の助命を約束し、人質として実母を八上城に送っていたが、信長が三兄弟を勝手に成敗したことに腹を立てた八上城の兵たちが光秀の母を殺害した、という話もあるが、これは創作の多い『明智軍記』よりさらに成立が遅れる『絵本太閤記』に登場するもので、歴史的信ぴょう性については論じる以前の問題だろう。

7月以降は丹波掃討戦の締めくくりである。7月19日には桑田郡の宇津頼重が若狭へ逃亡しようとするのを追撃し、また、丹後との国境にある天田郡の鬼ケ城（福知山市）には付城を築き監視を強めた。『信長公記』にはその後鬼ケ城がどのようになったかの記述はないが、おそらく間もなく開城に応じただろう。

八上城が落ちると黒井城も風前の灯だった。光秀を悩ませた荻野直正は天正6（1578）年3月に急死していた。その後直正の甥にあたる赤井忠家が黒井城主となったが、直正ほどの求心力はなく、8月9日光秀が黒井城の外曲輪を攻め随分の者十余名を討ち取ったところで戦意喪失し、黒井城を明け渡している。

黒井城跡は国史跡に指定されている。往時の建築物が残っているわけではないが、山頂部はよく整備されている。山城の場合、国史跡でも遠くから見ると緑に覆われた山にしか見えないものが多いが、黒井城跡は戦国時代の山城がそうであったように、山頂部の樹木が伐採され、遠くからも山頂部を削平して曲輪を造成していることがよくわかる。石垣と堀に囲まれた山麓の興禅寺は居館跡に建てられたもので、山城と居館の関係を学ぶのに格好のシチュエーションだ。赤井氏が去った後、光秀はこの城を斎藤利三に与えた。春日局は麓の居館で生まれたという伝承も残っている。

国史跡黒井城跡。山頂部は木も伐採され建築物はないものの、戦国時代の山城の雰囲気を味わうことができる。石垣は光秀入城後に改修されたとも考えられている（兵庫県丹波市）

光秀からの報告を受けた信長は、長年にわたり丹波に在国、粉骨し度々高名をあげたことは名誉比類がないと、光秀に感状を送り、10月24日には光秀に丹後・丹波両国を一篇に申し付けている。丹後については細川藤孝が治めることになるが、信長の意識では、藤孝を信長の家臣で軍の時は光秀の指揮下に入る与力でなく、光秀家臣であるという意識が芽生えていたのかもしれない。

第9章　近畿管領光秀

村重逃亡

天正7（1579）年、9月2日、有岡城に籠城していた荒木村重は嫡男村次の守る尼崎城に脱出した。10月には籠城軍の中に裏切る者も現れ、10月15日には総構が破られ、本城だけになった。『兼見卿記』は「天主ばかり相残云々」と記している。有岡城を委ねられた荒木久左衛門は11月19日、有岡城を織田方に引き渡し、尼崎城へ向かった。村重の妻子をはじめとする有岡城に残された人々の命と引き換えに尼崎城と花隈城を開城するよう村重を説得するためだった。しかし、村重は首を縦にふらなかった。なお、この和平案を提示したのが光秀だったことは『信長公記』にも記されているが、『立入隆佐記』はさらに詳しい。荒木村次が女婿だったため、荒木問題は丹波平定後の光秀案件となり、光秀は村次に嫁いでいた娘を受け取り、有岡城を開城させ、久左衛門を荒木村重のもとに交渉に行かせたという。村重説得を諦めた久左衛門は有岡城に妻子を残したまま舟で岩屋（淡路市）へ向かった。妻子より自らの命を大事にした荒木村重や久左衛門の行為は現代の倫理観では到底許容されず、四方八方から糾弾されてしまうだろう。しかしそれが戦国の世の習わしだった。荒木五郎右衛門は自らの命と引き換えに有岡城に残した妻の助命を光秀に願い出たが許されず、ふたりとも処刑されている。開城した有岡城には織田信澄が入った。信澄が選ばれたのも光秀の女婿であったからというのが谷口研語氏の見解である。

有岡に残された村重の妻子を含む一族や女房衆たち37名が京都の六条河原で処刑されたのは12月16日のことである。それに先立ち12月13日には、尼崎近郊の七松で１２２人が磔になり、４軒の家に閉じ込められた男女５００人以上が焼殺されている。

なお、『立入隆佐記』は有岡城に残された人々の悲劇の後、「美濃国住人ときの随分衆也明智十兵衛尉　其後上様より仰出だされ　惟任日向守になる。名誉の大将なり、弓取はせんじてのむべき事候」と結んでいる。光秀の出自を考える際いつも引用されるテキストである。

天正7年から8年にかけての年末年始を光秀はいつになくゆったりと坂本ですごせたのではないだろうか。信長からも近年摂津での在番等に諸将が忙しかったので年始の挨拶は不要というお触れが出ており、毎年恒例の安土への出仕も必要なかった。しかし、光秀は報告や相談に言寄せて安土の信長のもとに出かけたようだ。１月９日、津田宗及を招いた茶会では信長拝領の生鶴が振る舞われているからだ。光秀が安土へ伺候した時のお土産だろう。12月25日と１月17日に吉田兼見が坂本に光秀を訪ねているので、正月をはさんだひと月ほどは光秀は安土への往還を除き坂本に滞在していただろう。

１月には三木城の別所長治も自刃し、３月には荒木村重も尼崎城を捨てて毛利氏のもとに落ち延びていった。花隈城はその後も抵抗を続け７月になってようやく落城したが、３月の時点で本願寺と毛利氏を結ぶ反信長ラインは完全に分断されてしまったといえるだろう。信長と本願寺の最終的な和睦に向かって時代は動いていった。

佐久間信盛追放

２月13日、光秀は天寧寺（京都府福知山市）に従来からの特権を認めると共に、陣取り、竹木伐採の禁止を命じている。光秀が天寧寺周辺に滞在したかは確認できないが、このころまでには赤井残党がこもる鬼ケ城も開城し、福智山築城が始まったと考えられている。

福智山城は由良川と土師川の合流地点の段丘上にあり、その北側に城下町が展開する。福智山は江戸時代に一字用字を変えて現在の福知山が使われるようになったが、もともとは光秀が命名したものだろう。光秀はこの城を明智秀満に委ねた。天正9年10月6日、明智秀満が光秀の「判形」をそのまま認めた書状が天寧寺に残っているのがその根拠である。

福智山城では天守台をはじめとする石垣に宝篋印塔や五輪石、石仏などが多数積み込まれているのを見ることができる。光秀に反抗する寺院や墓地を破壊し石材として利用した、神仏の加護を得るために意識的に積み込んだ、などの理由が考えられている。このように石材を転用して石垣を構築するのは信長や信長の家臣たちの築いた城郭に共通する特徴である。福智山城は江戸時代も北丹波を支配する拠点として機能し続けたが、光秀時代の遺構がかなり残されているのではないだろうか。

閏3月には孤立した石山本願寺と信長の和睦が成立した。天皇の勅命による和睦という形にはなっているが、実質的には信長の完全勝利である。閏3月2日、閏3月11日、信長が本願寺に宛てた朱印状には、はっきり「当寺（本願寺）赦免の上は」と書いてあるし、佐久間信盛、九鬼嘉隆、柴田勝家、羽柴秀吉などに宛てた信長朱印状にも、赦免という言

福知山城（京都府福知山市）

葉が必ず添えられている。一連の交渉で光秀の関与は『信長公記』からはうかがえないが、2月4日、閏3月24日、4月19日、立て続けに堺の津田宗及の茶会に招かれているので、この時期、大坂周辺に滞在していたことは確かであろう。4月6日にはそれまで本願寺と結んで出頭してこなかった相楽郡加茂郷（京都府木津川市加茂町）の土豪柏木左九右衛門らが種々懇望してきたのを赦免している。

本願寺と信長の和睦は一筋縄ではいかなかった。顕如の嫡男、教如が和睦に反対し本願寺に籠城を続けたからである。最終的には8月2日近衛前久《さきひさ》の説得に応じ教如は本願寺を退去する。雑賀、淡路島からの数百艘の迎船の他、陸路で退城する者も多く、「海上と陸と蛛の子をちらすがごとくちり〳〵に別れ候」と『信長公記』は記している。その直後、松明《たいまつ》の火が建物に燃え移り、三日三晩にわたる大火災で大伽藍も一堂も残らず灰燼《かいじん》に帰してしまった。

8月15日、信長は廃墟になった本願寺跡を見聞するため京都を発ち、長らく対本願寺戦を担当していた佐久間信盛父子に自筆の折檻状を突き付けて追放した。冒頭には父子が5年間天王寺砦に在城していながら、なんらの功績もあげず、世間から不信に思われている。我々も思いあたることがあり、言葉にすることもできない、と記しながら以下19ケ条にもわたって、ふたりを徹底的に追い込んでいる。今でいえば典型的なパワハラ上司だろう。最後はどこかに攻め込んで功績をあげるなり戦死してしまえ、父子共に頭を丸めて高野山へ行け、という究極の二択で結んでいる。信盛父子は高野山行きを選択し、信盛は失意のうちに翌年に死去している。

きわめて長文の信長自筆書状は残念ながら現在残っていない。誰もが認める信長自筆の文書は細川忠興宛の感状ただの1通である。本文の筆つぎは1回という勢いのある大きな文字しか知られていないので、ちまちまと相手の欠点を糾弾する時どんな筆使いになったのか筆者には全く想像できない。

この折檻状には信盛父子の行動と対比して他の家臣たちを褒めた部分がある。その筆頭にあげられたのが明智光秀であった。「丹波国日向守働き、天下の面目をほどこし候」、信長は光秀を最大限に持ち上げているのである。佐久間父子の追放によって、それまで信盛配下だった筒井順慶・池田恒興・中川清秀・高山右近らが光秀の組下に入ることになった。光秀の権限はさらに大きくなり、それからの光秀の役どころを高柳光寿は近畿管領とよんでいる（高柳『明智光秀』吉川弘文館）。

信盛父子が突如追放されたころ、光秀は丹後にいた。8月13日、丹後に入国した細川藤孝から信長に状況報告があり、信長はすでに光秀から詳細な報告が届いていることを告げ、光秀と相談して政道を油断なく努めるよう指示している。その後も、宮津に城を築きたいという藤孝からの要望を認め、これも光秀と相談して堅固に築くよう命じた。8月17日には光秀、細川忠興、細川藤孝3人の連署で江尻村（京都府宮津市）へ禁制も出している。江尻村は日本三景のひとつ天橋立に隣接した地区だ。丹後に入国し天橋立を見た藤孝が詠じた和歌がある。

そのかみに契そめつる神代まで　かけてそ思ふあまのはしたて

光秀も当然和歌や俳諧をひねったであろうが、残念ながら伝えられていない。

大和の検地と城割

丹波から坂本へ戻った光秀は9月21日、津田宗及を迎え明智秀満の茶会デビューを見届け、宗及を伴ったまま25日には奈良に入った。26日には東大寺四聖坊で宗及は光秀のもとに持参された茶道具を拝見し、光秀と別れる10月2日まで、奈良中にある名物茶道具を拝見したようで、茶壺だけで12～13点見たと茶会記に記している。その他、宗及は筒井順慶や越智玄蕃の茶壺口切茶会を楽しみ、法隆寺でも聖徳太子ゆかりの宝物を見て、法隆寺が信長に太子香を献上した際、切断して手元に残していたものが光秀に献上され、そのおすそ分けを宗及も法隆寺から入手している。天下の香木といえば信長が切り取らせた東大寺の蘭奢待《らんじゃたい》が有名であるが、蘭奢待は正倉院の開封に伴う儀式が極めて煩雑なだけで、歴史的にいえば、太子香も蘭奢待と並び称されていた逸品だった。宗及の茶会記だけを読むと、播磨出陣の時とは違って、光秀も奈良の旅を十分に楽しんだようにも想像できるが、実はかなり過酷な任務を背負って光秀は奈良を訪れていた。この時、光秀には滝川一益も随行している。光秀来訪の直前、大和では徹底的な城の破壊（城割）が実施されていた。

この前後の奈良の様子を『多聞院日記』から見ていこう。７月19日夜には、京都や伊勢から軍勢が押し寄せる、23日には筒井順慶が京都で切腹を命じられた、という噂が飛び交い、奈良中、上を下への大騒ぎになっている。８月２日、順慶は京都にいる信長に呼び出され、国中の城割を命じられた。その順慶は８日には河内へ向かっている。河内での城割に動員されたのである、順慶が大和に戻ってきたのは16日、17日には郡山城（大和郡山市）を除いてすべての城が城割の対象になることが明らかになり、大和国中でもっての外の騒動になった。19日には城割のため、奈良中で家並に人夫を徴用するお触れがまわってきた。『多聞院日記』の著者多聞院英俊は浅猿《あさまし》〳〵と感想を書き記している。20日には国中の破城がおおむね完了したというのだから、かなりの急ピッチで破壊工作が実施されたことがわかる。大規模土木工事でも迅速に進めるのが今も昔も日本の伝統だ。21日滝川一益と信長側近の矢部家定が法隆寺までやってきた。上使として城割を確認するためである。24日には矢部家定、27日には一益が軍勢を率いて奈良に着き大騒ぎになっている。

そして、城割騒動が終えた約1か月後の9月25日に、光秀が一益と共に奈良にやって来たのである。8月に一益が来た時には、その直前順慶がかなり動いていたし、町中でも騒ぎになっていたが、今回はそれほど警戒されていなかったようだ。

光秀たちが大和の社寺、荘園の領主、国衆たちに命令したのは差出《さしだし》であった。差出は検地方法のひとつで、土地の面積、作人、収穫量などを書き出させるものである。後に秀吉が全国規模で行った太閤検地では、土地の広さや米の収穫量を計る単位も全国規模で統一され、土地も差出でなく実際に計測された。その結果、全国規模で米の収穫量をより正確に把握できるようになり、領国の経済的価値が「石高」で表されるようになった。そして、石高を基準にした年貢の徴収もできるようになったのである。一方、この時信長が命じた検地はそこまで徹底していない。9月26日、光秀と一益が白土に宛てた連署状では、信長の命を実行する上使として南都に着いたこと、大和での知行を糺明《きゅうめい》し、それを基準にして軍役等を申し付けることが目的と伝えている。

26日には差出の書式が明示された。多聞院英俊は「前代未聞、是非なき次第、日月地に落ちず、神慮頼み奉る計り也」と嘆いてみせている。神仏習合の時代ではあるが、僧籍にある英俊が最後に神だのみというのが面白い。差出の原案がようやくできあがったのは7日だった。8日にはそれに参考資料をあわせ巻子3巻にして提出したが、9日には、巻子でなく双紙（本）の装丁にすること、字名、百姓の名前などを記すよう指導があった。10日には銭で徴収している地子を米に換算して書き直すようにとの命令が下り、再度書き直して提出している。19日には畠一所と記した部分をその段歩数を明示するようにとの再度のお達しである。現代のお役所仕事でも書式が煩雑で、行政指導するなら最初の1回ですませてくれよ、という経験を筆者は何度もしてきただけに、英俊のいらだちが我が身のように感じられる。英俊の反応は9日に「書式が煩わしい、沈思《ちんし》〳〵」だったが、その後は感想も記されていない。思い出すのも嫌だったのだろう。それでも英俊が関わった分は22日には無事完了した。23日には、光秀と一益が近いうちに帰っていくと聞いて、麺を肴に酒をのむ英俊であった。「寺社領は今までどおり、差出銭も取らない」と光秀が慥《たし》かに言ったという噂に、「珍重〳〵、難有〳〵」と英俊は喜んでいる。

しかし、25日には寺社も含め国中から差出銭の徴収が命じられ、先日の噂が虚実であったことを英俊は嘆くことになった。28日、戒重、岡、大仏供、高田の4名が処刑されている。差出検地に抵抗した者たちだろう。その日、一益、順慶、光秀が手分けして4名の旧領に下り事後処理をしている。11月2日、ようやく光秀と一益が奈良から引き揚げていった。「三十八日逗留した。その間国中上下物思い煩い、造作苦痛迷惑、既に果てたる衆、地獄の苦も同ならんか」と英俊は書き記している。英俊にとっても地獄のような日々だったが、大和国内から提出されてくる差出の最終チェックは光秀のお仕事だったろうから、光秀も地獄のような多忙な日々を送ったことだろう。いずれにせよ、宗及とゆっくり奈良中にある茶の湯道具の名品を拝見しつくすといった風雅な奈良滞在でなかったことは確かだ。

なお、光秀たちが去った後も松田伝五が奈良に残った。閻魔天の留守に倶生神《くしょうじん》のあるようだ、というのが英俊の評価である。倶生神は人の善悪を記録し閻魔に報告する役だ。松田は藤田の誤りだろう。藤田伝五は本能寺の変まで大和方面との連絡調整を一貫して担いつづけた。

11月7日、筒井順慶のもとに「国中一円筒井存知」という信長からの朱印状が届いた。12日には信長の上使から郡山城を受け取り順慶が入城している。織田政権による城割、検地という手順を踏んで、順慶が正式に大和一円の支配者として信長から認められたのである。順慶と光秀の関わりはこれが初めてではない。天正６（１５７８）年８月22日、播磨から丹波に向かった順慶が大和に戻ってきたことが『多聞院日記』に記され、天正８年正月、順慶にとって信長への取次が光秀だったことも、光秀の越前滞在を示す史料として紹介した『遊行三十一祖京畿御修行記』からうかがえる。天正８年12月20日、順慶は坂本城に光秀を訪ね、光秀は茶の湯で順慶をもてなしている。これも順慶の大和拝領に光秀が深く関わっていたからだろう。順慶は近畿管領光秀のもとで単に軍事指揮下に入るだけの与力ではなかったのである。

京都の馬揃

11月14日には光秀は坂本に戻っていた。この日、吉田兼見は坂本城を訪れているが、光秀は外出するところで門外でしか話をすることができなかった。天正９年の元旦には安土へ出仕しただろうが、その後は坂本でゆったりとすごしたようだ。６日には細川藤孝を招き連歌、10、11日には宗及・山上宗二と茶の湯を楽しんでいる。

畿内を制覇した信長は安土で特別なイベントを企画していた。元旦から安土城の北東、琵琶湖に面して新たな馬場を整備し、15日に左義長が行われた。それは信長軍団の軍事パレードに爆竹を組み合わせたもので、信長とその馬廻だけでなく一門衆や近江の諸将、さらに近衛前久や伊勢貞為も参加している。貞為は光秀に仕えている貞興の兄にあたる。母は濃姫の妹であり、貞興の娘は後に足利義昭に嫁ぐが、『多聞院日記』には信長秘蔵と記され、信長のもとで大切に育てられたことがわかる。

この時の左義長は単にきらびやかな出で立ちの軍事パレードを見せるというだけではなく、馬の後方で爆竹を鳴らし、馬を駆けさせるという趣向であった。見物する群衆は「貴賤耳目を驚かし申すなり」と『信長公記』に記されている。『信長公記』に光秀の名は見えない。13日光秀は体調不良で吉田兼見が坂本に出かけても面会できなかった。光秀が病にふせっていなければ、左義長に参加していたに相違ない。

光秀が左義長の準備に携わっていたことは、1月23日付の光秀宛信長朱印状からうかがうことができる。爆竹の諸道具をこしらえ、殊にきらびやかに調え、光秀が病で参加できないことを伝えただろう思いがけない手紙に言及し、細かなところまで心懸けてくれたことに感謝を伝えている。この朱印状の趣旨は、2月28日京都で開催する馬揃のプロデュースを光秀に命じることでもあった。参加すべき人選は信長が指名している。

畿内で直接信長に仕える者、陳参公家衆、信長から扶持をもらっている義昭旧臣、上山城の者、摂津は高山右近、中川清秀父子、池田恒興は伊丹城に在城し息子2人、塩川勘十郎と橘大夫、河内は多羅尾光俊父子3人、池田教正、野間長前、三好康長は阿波へ出兵させる予定なので用意しなくてよい。但し、本人が望むのであれば、覚悟次第で参加も可。和泉は寺田生家《なりいえ》、松浦安太夫、沼間任世《ぬまにんせい》と孫、その他直参の者、根来寺連判や扶持人、大坂に在陣している丹羽長秀、蜂屋頼隆、若狭の武田元明、内藤、熊谷、粟屋、逸見、山県へは丹羽長秀を通じて連絡させせよ。日本全国六十余州にその噂が伝わるようなものにしたいので、馬数もできるだけ多く、その他の信長重臣たちで乗馬を望むものがあれば申し付ける。細川藤孝は丹後にいるので免除するが子どもふたりと一色満信。

近畿管領として光秀が直接指令すべき諸将だけでなく、大坂に在陣中の丹羽長秀らへの通達も光秀に命じられている。信長の一門衆や越前の柴田勝家へは信長から直接指令がだされただろうから、光秀が丹羽長秀より上位のヒエラルヒーだったことがわかる。

信長からの指令に光秀は早速準備にとりかかった。吉田兼見へは25日夜に通知があった。光秀からの通知には信長朱印状の写も添えられていた。通知文のひとつひとつに信長様の朱印状の写を添えるのは事務量としては膨大なものになる。しかし、光秀があえてそれをしたのは、冒頭で信長が光秀を褒めているからで、「信長に重用されているわたし」をアピールしたかったのだろう。兼見は信長の朱印状に陣参の公家衆とあることに気がついた。兼見は信長とも親しかったし戦場の慰労にはたびたび出掛けていた。しかし、信長の出陣に随行したことなどなかったからである。翌日、兼見は直接坂本まで出かけ光秀に問いただそうとしたが、多忙の光秀とは直接会うことはできなかった。細川丹州を通じて以下のようなやりとりがあった。兼見は信長が参加すべき人物を明確に指示しているので、勝手に自分で判断して参加するのではご迷惑になるかもしれないから光秀殿のご意見に従いたい、とたずねた。光秀からの返答は、もし信長様から直接お声がけがあった場合、すぐには準備できないと気遣って連絡した、というものだった。兼見は光秀に信長へ自然な形でとりなす機会があればと依頼して帰ってきている。兼見はそれでも不安だったのだろう。

翌日には村井貞勝のもとを訪ねた。貞勝は罷《まか》り出るべきという意見だったが、前日、光秀と相談した内容を話すと、尤《もっと》もと同心してくれた。以前光秀が兼見に相談なしで、吉田山を信長屋敷の候補地として進言したこともあったので、土壇場で梯子《はしご》を外されることを恐れての保険だったろう。

２月１日、兼見は京都の河原で坂本へ帰城する光秀に会い、白川まで種々の雑談をしている。時節柄、馬揃のことが中心だったろう。11日には信濃守護小笠原氏出身の貞慶から兼見のもとに馬揃に参加するため静烏帽子、腰帯を貸してほしいという依頼があり、14日には馬揃の用意のため、佐竹出羽守のもとに兼見は出向いている。15日兼見が村井貞勝邸に出掛けた際は仕立てた道具一式を見せられている。

20日には信長が上洛、21日はイベント会場となる馬場の普請が始まった。場所は内裏の東で、南北４３０メートル東西１１０メートルほどの広さである。人夫は上京、下京から徴用された。23日、細川藤孝から書状が届く。光秀、藤孝、蜂屋頼隆、松井友閑が吉田神社の春日馬場で馬に乗りたいという内容だった。馬揃の予行演習である、兼見が許可すると、蜂屋頼隆を除く３人が従者２００人を引き連れやってきた。そこへ、村井貞勝から兼見に至急の呼び出しがかかる。貞勝が待つ馬場の普請現場に出掛けると、内裏東南にある小社が馬場の建設用地にあるので、天満社の近くへ遷してもらいたいという要望だった。兼見はすぐ手配している。27日、馬揃前日、騎上する近衛前久はもっての外の取り乱しぶりだったらしい。兼見も明日のイベントが早朝から始まるので、萬里小路充房《までのこうじあつふさ》の屋敷に泊まりこんでいる。

28日午前7時ころ馬揃が始まった。正親町天皇も見物したこの大イベントで、光秀は丹波や近江志賀郡の諸将だけでなく大和・上山城衆を率いて3番目に行進している。信長は住吉明神を思わせるコスプレを披露した。住吉明神は大阪市住吉大社の主神で、信長の脳裏には安土から大坂へ拠点を移す構想が芽生えていたのだろう。このイベントは大成功となり、3月5日には天皇のリクエストで再び行っている。この時は信長の馬廻だけで700騎ほどが参加した。

天橋立紀行

４月７日、津田宗及は山崎妙喜庵（京都府大山崎町）での茶会の後、９日に亀山、10日朝には福智山に着き、明智秀満から振舞を受けている。福智山では、光秀が宗及たちを待ち構えていた。11日朝、一行は宮津（宮津市）をめざして福智山を出発することになる。光秀にとって人生最良の旅が始まろうとしていた。光秀とふたりの子ども、宗及と宗及に妙喜庵から同行している平野道是、そして山上宗二も一行に加わっていただろう。福智山から宮津へは酒呑童子伝説で有名な大江山を越えることになる。大江山は数多の和歌に詠まれた歌枕で、一行の話のネタはつきなかったろう。途中、愛宕山の福寿院が茶屋を立てて七五三の膳（後述）でもてなしてくれた。光秀が手配しただろうから、山越えの景色が最良の場所に設置されただろう。そこでは生きた鮎、鯉、鮒が準備され、一行が着くと水中に放たれ、生きのいいところを見せてからという趣向であった。

４月13日朝は宮津で、光秀の女婿細川忠興の振舞である。その席には細川藤孝父子３人

天橋立ビューランドからの飛龍観（京都府宮津市、海の京都 DMO 提供）

の他、里村紹巴も顔をそろえていた。振舞の席には呼ばれていないものの、光秀は娘の珠とは会っているだろう。前年には孫（細川忠隆）も生まれている。光秀が孫を抱っこするというのは想像できないが、顔ぐらいは見ているに相違ない。

細川忠興の振舞は豪勢なものだった。本膳に7種、二の膳に5種、三の膳に3種を盛り付ける料理を七五三の膳と呼び式正《しきしょう》な場で採用されることが多いが、この時は本膳7種、二膳5種、三膳5種、四膳3種、五膳3種、その他に花形の飾り紐を敷いた上に11種類の菓子が盛り付けられた二膳が用意されていた。当然、お酒も用意され、その途中で忠興が光秀に行平の太刀を進上している。料理、お酒、太刀の進上は、目上の者を自邸に招く御成りでは欠かせない構成要素である。この時は光秀、藤孝それぞれの子どもと趣味のお仲間が集った私的な会ではあったが、藤孝が光秀を上役として饗応するという体裁でもあったのである。

豪勢な朝の大宴会が終わり、午前10時ころ一行は飾り立てた舟に乗って天橋立見学のため九世戸《くせのと》（宮津市文殊）に向かった。天橋立のビューポイントのひとつ文殊でも振舞があり、一行は夕方までゆったり観光したようだ。

光秀と藤孝、紹巴は連歌も楽しんでいる。

う（植）ふるてふ松は千年のさなえ（早苗）哉　光秀

夏山うつす水の見なかみ（水上）　藤孝

夕立のあとさりげなき月見へて　紹巴

この旅には　津田宗及、平野道是、山上宗二といった名うての茶人３人も加わっているのだから、茶の湯も藤孝の接待メニューに入っていただろう。しかし、茶の湯以外のメニューが濃密すぎたのだろう。宗及も茶の湯についてはいっさい記録していない。なお、宗及は2日後の朝には安土の松井友閑のもとに出掛けている。そのエネルギッシュさには驚かされる。一方、光秀は丹波へ戻っていった。4月17日には、宇津にいた光秀から吉田兼見に書状が届いた。城の井戸を掘るため河原者(賤民)を派遣してほしいという要望だった。周山築城に関わるものだったろう。

第10章　本能寺前夜

家中軍法

福知山市の御霊神社は宝永2（1705）年、福智山城主朽木稙昌《たねまさ》が稲荷神社に光秀の霊を移して創建された。同社には光秀文書が3通寄進され、そのうちのひとつが18ケ条からなる家中軍法である。「瓦礫のように沈淪《ちんりん》（落ちぶれた）の輩を召出され、剰え莫大な軍勢を預けられるようになった」と信長と自らの関係を記した奥書の一節と6月2日という本能寺の変のちょうど1年前の日付が注目されてきた。

なお、この史料については山本博文氏をはじめとする偽文書説もあり谷口研語氏も懐疑的で、現在も真偽の評価が分かれている。ほぼ同文の史料が尊経閣《そんけいかく》文庫にも伝来し、近年、調査した堀新氏は、文章や記載内容についての疑問があり、怪しい点が一点でもあれば、否定的な判断を下すべきという結論であるが、実見した印象では偽作と断定するには至らなかったことも認めている。堀氏の方法論は一見ごく当たり前のようにも見えるが、偽作説を念頭に調査し史料としての明らかな問題点を指摘できなかったのであれば、その調査

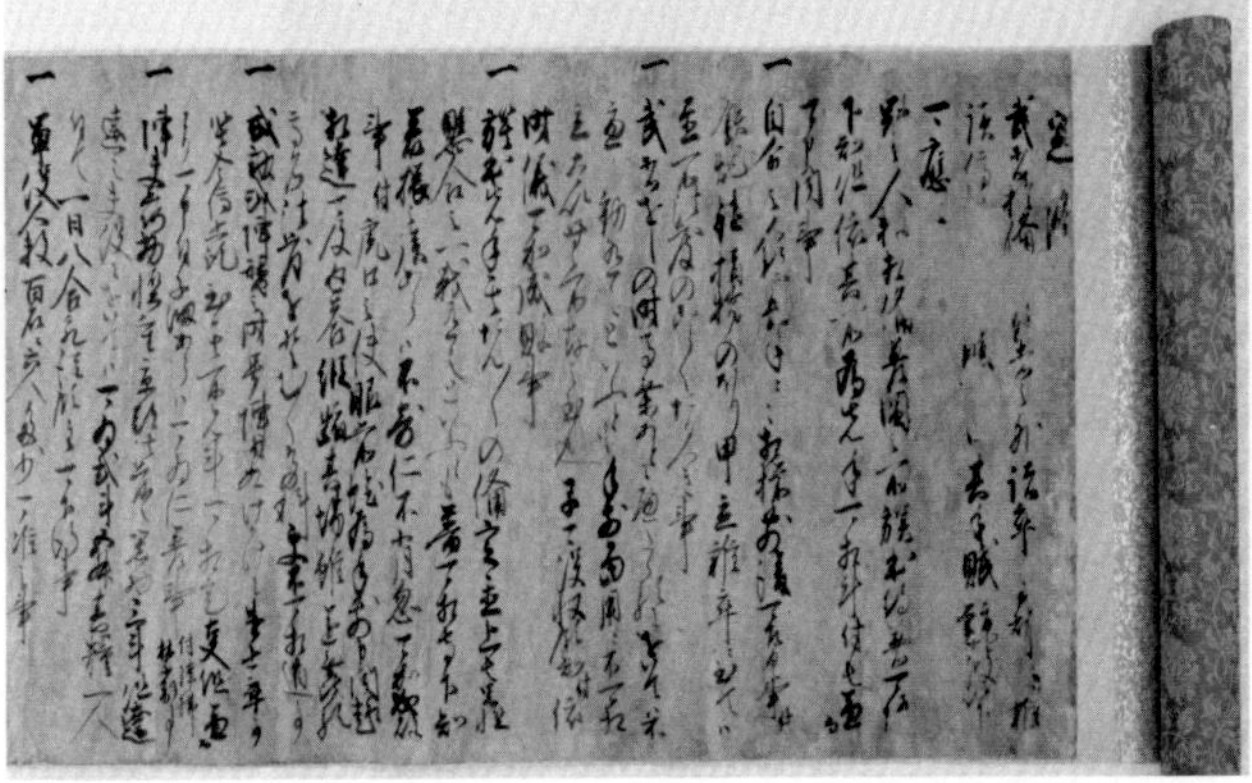

を尊重すべきだと思う。それでなければ、実際に史料を調査する意義などない（堀新「明智光秀家中軍法をめぐって」柴裕之編『明智光秀』戎光祥出版）。

光秀の家中軍法を現代文にすると以下のようになる。なお、奥書については筆者の力量ではうまく訳せなかったので、『明智光秀の生涯と丹波福知山』（福知山市）を引用させていただいた。

定　条々

一　武者は備場において、役のある者以外の諸卒は大声や雑談を禁止する。
付則合戦のはじめの配陣や鯨波（鬨《とき》

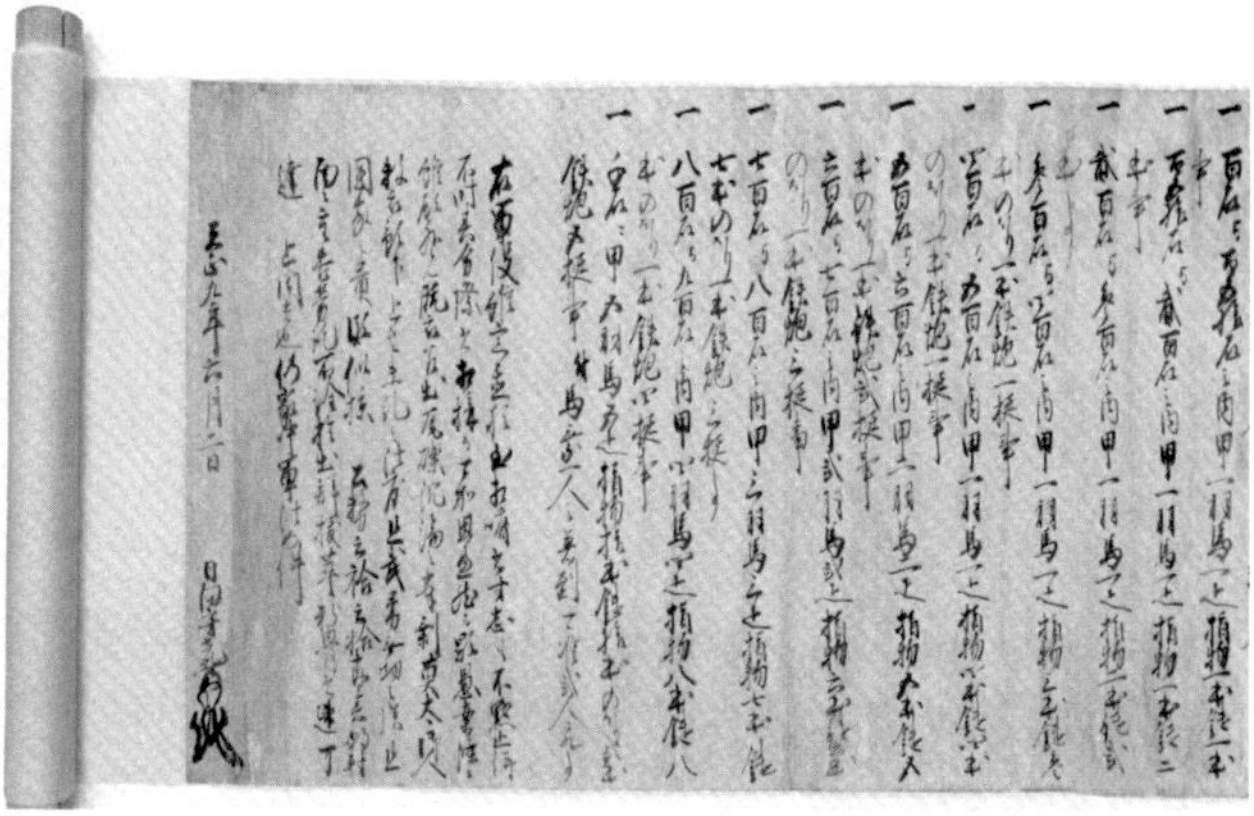

家中軍法（御霊神社所蔵、福知山市教育委員会提供）

の声）は下知に応じる事。
一　先鋒の人数の指図は旗本侍が到着してから下知に随う事。但し、先手だけで相計るべきことがある場合はあらかじめ指図をしておく事。
一　自分の手勢はそれぞれで揃えて、前後の部隊と連携をとる事。付則、鉄砲、鑓、指物、幟、甲立、雑兵の配置は法度のとおりにする事。
一　敵陣に攻め入る時、騎馬兵が後方の兵と離れてしまうのは、敵方の不慮の動きがあっても、自身が役に立たず、大いに考えのないことである。その様な場合は領地を没収する。付則、時によっては成敗する事。

一　旗本、先手の段々の備えを定め置くので、足軽どうしの戦いが始まっても、すべて下知を守れ。もし守らない者がいたならば、誰であろうとすぐさま成敗する事。付則、戦場の危険な場所での使者が、眼前で申し聞かせたことに相違し返答した場合は、たとえその場に踏みとどまり比類のない高名をあげても、法度にそむく罪は逃れがたい事。

一　戦場で動いたり陣替の時、陣取と号して抜け駆けに士卒を動員することを堅く禁止する。その場所に着いて、見計らって定める事。但し、あらかじめ命じるべき子細があれば、その者の到着を待つ事。付則　陣払は禁止の事。

一　陣夫の荷物の重さは、京都仕様の器物三斗とする。但し遼遠の地への夫役については二斗五升とする。食料は一人、一日八合とし、領主から与えられるべき事。

一　軍役の人数は、百石につき六人である。多少はそれに准じる事。

一　百石より百五拾石までは、甲（兜を被る武士）一羽、馬一疋、指物一本、鑓一本の事。

一　百五拾石より弐百石までは、甲一羽、馬一疋、指物一本、鑓二本の事。
一　弐百石より三百石までは、甲一羽、馬一疋、指物二本、鑓二本の事。
一　三百石より四百石までは、甲一羽、馬一疋、指物三本、鑓三本、幟一本、鉄砲一挺の事。
一　四百石より五百石までは、甲一羽、馬一疋、指物四本、鑓四本、幟一本、鉄砲一挺の事。
一　五百石より六百石までは、甲二羽、馬二疋、指物五本、鑓五本、幟一本、鉄砲二挺の事。
一　六百石より七百石までは、甲二羽、馬二疋、指物六本、鑓六本、幟一本、鉄砲三挺の事。
一　七百石より八百石までは、甲三羽、馬三疋、指物七本、鑓七本、幟一本、鉄砲三挺の事。
一　八百石より九百石までは、甲四羽、馬四疋、指物八本、鑓八本、幟一本、鉄砲四挺の事。

一　千石は、甲五羽、馬五疋、指物拾本、鑓拾本、幟貳本、鉄砲五挺の事。付則　騎乗の者一人が馳せ参じる場合は二人分に準じる事。

右のとおり軍役を定め置くうえは、かねてから戦を経験しているものはなお精進を怠らず。また未経験のものはよく理解し、心に思い巡らせよ。ゆえに私案を外見を省みずにここに表す次第である。思えば水に沈んだ瓦礫のように落ちぶれた境遇だった自分が、（信長から）このように莫大な人数を預けられるようになった。軍律をよくわきまえず武勇も功績も挙げない者は、国家の穀つぶしであり、公を掠《かす》め取るに等しく、精進している者からは嘲られて苦労を重ねるであろう。そこで群を抜いて粉骨砕身し忠節を励めば、速やかに主君の耳に届くであろう。このようなことから家中の軍法をこのように定める。

天正九年六月二日　　　　日向守光秀（花押）

前半7ケ条が軍陣での規律、後半11ケ条が軍役に関するものである。天正9（1581）

年6月2日という時期にこのような家中軍法が制定される意義から考えてみよう。天正8年8月、佐久間信盛父子が追放されてしまった原因のひとつが、信長から領地を与えられても家臣に加増もせず、新たな侍を抱えるのでもなく、蓄財してしまったことであった。信長家臣たちにとっては、まさに反面教師で、自らにも信長から預けられた領国にふさわしい軍団を作り上げよという課題が突き付けられたと感じられたことだろう。前章で大和での城割、検地について紹介し、その目的が軍役であったことも述べた。丹波でも天正8年には城割、天正9年5月から6月にかけて差出検地が実施されているので、光秀がこの時期に軍役の基準を示すのは一連の流れとして理解できる。

丹波の城割については、天正9年6月21日、和知（京丹波町）の片山兵内、出野左衛門助宛の光秀書状があるので紹介しよう。

「昨年、和久左衛門大夫に城割を命じたところ、寺家を残したと称して勝手気ままにふるまったので、昨日成敗した。近年、逆意をもっていたのを隠しきれなかったようだ。和久一族やその家来がその方の所領へ逃げ込んだので、早急に搦め捕れ」

大和でも、検地に抵抗する勢力が成敗されたことを紹介したが、制度改革には抵抗勢力がつきものである。さらにこの史料からは当時の寺院には城館と区別がつかないものもあり、寺院の武装解除までは光秀も踏み込めなかったこともうかがえる。丹波の差出検地については、天正9年5月、和知の片山・出野・粟野3氏から知行高の目録が提出され、6月には侍、百姓の人数が報告されている。丹波の指出検地に関する史料は少ないが、前年光秀が大和で行った経験が大いに活かされたことは確かだろう。

家中軍法に話を戻そう。光秀以外の信長家臣が信長在世中に作った類例は知られていない。記載内容については多くの研究者が疑問点を指摘しているが、新たな仕組みを作ろうとしたならば、当初から完璧なものができるとは思えないし、現代の研究者から見て真偽の判定がむずかしい偽文書を作れるほどの腕をもつ江戸時代の軍学者が関与していたのだったら、現代の文献史研究者に簡単に見破れるようなテキストを作るとは思えない。不徹底な部分についてはこの時点での光秀の限界と考えた方がよいのではなかろうか。雑兵と足軽を明らかに別なクラスターとして扱い、自由に動き回る足軽から戦いが始まり、続いて陣備えした本隊の出番になるというイメージは、戦国合戦のリアリティを知っていた証しだろう。

12月4日光秀は家中法度を定めた。これも家中軍法の延長として理解できるだろう。第1条は織田家の宿老や馬廻衆と道路で出会った際、道を譲ること。第2条は坂本、丹波を往還する際、上りは紫野から白河を通り、下りは汁谷（渋谷《しぶたに》）、大津を通ることを定めている。京都に用事がある場合、人を遣わして対処し、自分が在京しないといけない場合はその理由を予め申告することも命じている。その他、洛中洛外での遊興見物の禁止や道路で他家の家臣と口論になった場合は理非にかかわらず成敗することなどが定められている。

第1条で織田家の重臣だけでなく信長の馬廻衆に対しても慇懃《いんぎん》に畏れて対応するように求めたあたりは、光秀がいかに信長に気を遣っていたか、他家の家臣との口論を強く諌めたのは、異例な出世を遂げた光秀と他の信長家臣団の間に微妙なわだかまりが生じていたのではとすら思わせる。

妻木死す

8月1日、五畿内隣国に呼びかけ安土で再び馬揃があった。近衛前久も騎乗したぐらいだから、記録に残らないものの光秀が参加していてもおかしくない。

8月13日、鳥取城を攻めていた羽柴秀吉から毛利、吉川、小早川が鳥取城救援に出陣するという噂が信長のもとに伝えられた。信長は丹後の細川藤孝父子、丹波の明智光秀、摂津は池田恒興を大将として高山右近、中川清秀らに先鋒として出陣を命じた。さらに、毛利本隊がでてくるのであれば、信長も出陣を宣言している。光秀と藤孝は水軍を鳥取に派遣したものの、光秀じしんは鳥取へは向かわず、8月14日には津田宗及と周山城で十五夜の月を楽しみ、8月19日から21日には普請見舞のため大和郡山城へ出向いている。実はこの直前に、光秀の命運を左右したかもしれない事態が起こっていた。

多聞院英俊は日記に光秀が21日奈良から去り、変わったことがなかったことを珍重〳〵と喜んだ後、「去七日・八日ノ比歟《ころか》惟任ノ妹ノ御ツマキ死了、信長一段ノキヨシ也、向州(光秀)無比類力落也」と書き記した。勝俣鎮夫氏はツマキを妻姫、キヨシを気好と解釈し、光秀の妹が信長お気に入りの側室で、光秀の妹の死によって、光秀と信長の関係が疎遠になり、本能寺の変の一因になったと考えた。谷口研語氏はツマキが妻木であることを指摘し、御ツマキが安土城の奥向きを束ねるような地位にいたと主張し、光秀の本姓が土岐妻木だった可能性もほのめかしている。谷口氏も指摘しているように光秀の妹もしくは姉の妻木は『兼見卿記』にたびたび登場する。天正6年6月14日、信長は祇園祭を見物した。その時、吉田兼見は台の物、肴いろいろ、酒の入った一対の瓶子を妻木に贈っている。天正7年1月18日には京都の村井貞成（貞勝の子）邸に逗留していた妻木へ50疋の礼銭と祓い（護符）を持参している。4月18日には、光秀の妹妻木が生理中の参宮について兼見に書状で相談している。5月2日にも京都に滞在していたことは『言経卿記』からうかがえる。9月25日、光秀の姉（妹の誤りの可能性あり）が在京していたので、兼見は酒の入った一対の瓶子と食籠を持参して向かったが不在で土産を残して帰ってきた。天正8年1月17日、兼見が坂本に明智光秀を訪ねた後、妻木にも面会したようで50疋の礼銭と祓いを贈っている。『兼見卿記』に登場する妻木が同一人物だとすると、信長に近侍したことは確かで、京都、坂本に出掛けることがあり、その動きは必ずしも信長と連動していないこともわかる。

御妻木が信長に強い影響力をもっていたことが、近年、早島大祐氏の研究で明らかになってきた（『「戒和上昔今禄」と織田政権の寺社訴訟制度』『史窓74』京都女子大学史学会）。一乗院門跡となった尊勢（近衛前久息）に戒を授ける役目である戒和上職をめぐる、興福寺と東大寺の訴訟を興福寺側が記録した『戒和上昔今禄』に御妻木が登場するのである。当初、興福寺は筒井順慶や万見重元ルートで事態の打開を図ったが一向に進展しない。そこで、一乗院門跡の身の回りを世話するため近衛家から派遣されていた御乳人が直接、信長に働きかけることになった。信長からは御妻木を通じて意向が伝えられた。これをうけて御乳人は明智光秀に連絡し、光秀は藤田伝五から筒井順慶に指令をだし、事態が動きだすことになる。早島大祐氏はこの訴訟を光秀が担当することになったのも御妻木の兄だったからであり、御乳人に信長からの回答を御妻木が伝えたのは、御乳人と御妻木は訴訟以前からパイプがあり、信長への働きかけも御妻木を経由していたと考えた。但し、当初の働きかけに近衛前久がまったく無関係だったとは考えにくいし、寺社や貴族がらみの訴訟に直接関与したくなかった信長が御妻木というルートを使った可能性も否定できないだろう。東大寺、興福寺の相論は一時興福寺側が不利になる場面もあったが、御乳人が直接光秀に面会することで、興福寺勝訴の流れが決定的になった。この前後、御妻木が信長や光秀の動向を御乳人側に伝えていたようで、御乳人はようやく光秀と会うことができたのである。

御乳人が急いで坂本に向かったのは12月2日である。御乳人は坂本で藤田伝五邸を宿にした。御妻木は坂本では客人扱いであり屋敷はもっていない。12月3日、光秀が藤田伝五邸へ出向き、御乳人と面会した。光秀が出向いたのも、御妻木の紹介であったからに相違ない。その時光秀は東大寺側が訴訟に持ち出した由緒ある史料群に実効性がない例えとして、自ら所持する先祖が足利尊氏から知行を与えられた「御判御直書」を例にしている。この「御判御直書」がどのようなものだったのか明らかにすることはできないが、光秀が自らを御家人の末裔と見せようとしていたことは確かだろう。但しそれが、多聞院英俊やフロイスたちには信用されていなかったことは光秀の出自を述べた本書1章で明らかにしたとおりである。

いずれにせよ、光秀の妹、御妻木が東大寺と興福寺の訴訟という半ば表向きの世界でも信長に直接働きかけることができる女性だったことは確かだ。

しかし、谷口研語氏が主張するように御妻木が安土城の奥向きを束ねるような立場だったとしたら、自由に安土城を離れることはできなかったろうし、政治力を発揮できたとは思えない。天正9年4月10日、信長は小姓5、6人と安土から竹生島に日帰りで参詣し、その留守中に城下の桑実寺に出掛けた女房衆と女房衆を擁護した桑実寺の長老を成敗したが、もし御妻木が谷口氏の述べるような立場だったらそのような大事件にならなかっただろう。

御妻木を信長の側室とみる説についても、御妻木が必ずしも信長と同時に動いていないのでどうだろう。信長が単に気に入っていた、奥向きを束ねていたというだけで、半ば表向きのことにまで口をはさむ女性を信長が許容していたとは到底思えない。

むしろ、なにか信長との間に光秀の妹である以上の強い繋がりがあったからこそ、多聞院英俊も『戒和上昔今禄』の著者も御ツマキと御を付けて記したのではないだろうか。

筆者が思いつく信長政権下で対外調停をなし得た女性は山科言継の日記にも登場する。永禄12（1569）年8月1日、信長は礼をするため姑のところに出掛けた。信長の姑なので濃姫の母親、斎藤道三の未亡人ということになる。信長が出掛けた詳しい理由を言継は明らかにしていないが、その数日前に以下のような出来事があった。信長は斎藤義龍の未亡人に同家に伝わる茶壺を引き渡すよう命じたが、未亡人は戦乱の際失われたと断った。それでも信長が強く引き渡しを求めたらしく、それに対して信長の正室（濃姫）やその兄弟、美濃出身の家臣たちが一団となって、これ以上未亡人を責めるのであれば、われわれも自死すると宣言し、信長に翻意を促したのである。濃姫や斎藤家旧臣たちと信長の対立を調停し得る人物としてはまさに道三の未亡人が適任であったろう。『美濃国諸旧記』などではこの未亡人の出自が、明智一族で光秀の叔母という設定になっている。しかし、戦国時代末期に明智氏の本流が美濃に存在してなかったと考えれば、光秀の妹御妻木と道三未亡人のイメージが強く重なるように思えてしまう。光秀の妹と濃姫の母では世代的に異なるという反論もあるだろう。光秀の生年を谷口克広氏が推奨する永正13（1516）年生とし、光秀の妹を仮に光秀より1歳下だとすると、濃姫が信長に輿入《こし》れした天文18（1549）年には33歳になっており、信長に嫁ぐ濃姫の母親になっていてもおかしくない。かなり無理な仮説であることは認めるが、可能性が全くないわけではないだろう。

いずれにせよ、御妻木の死去によって、光秀と信長をむすぶホットラインが断ち切られたことは事実だ。その不安が先に紹介した12月4日の家中法度で信長の馬廻に対する過敏なほどの気の遣いようを招いたのかもしれない。

甲州征伐

天正10（1582）年元旦の安土は大名、小名、一門衆が集まり、賑わいを見せた。おびただしい群集が百々橋から城内の摠見寺へ向かい、石垣が崩れ死人がでるほどだった。信長は天皇の行幸を目的とした江雲寺御殿を家臣たちに披露し、さらに自ら厩口に立ち礼銭を受け取り、後方に投げている。津田宗及は光秀と松井友閑が一番だったと記している。一門衆に続いて登城したということだろう。本書4章で紹介したように、1月7日、光秀は宗及と山上宗二を坂本城に招き、信長自筆の書を掛けた茶会を開いた。10日には細川藤孝、20日には吉田兼見が坂本に出掛け25日にも茶会があったので、光秀もしばらく坂本に滞在していたようだ。

1月28日、当初信長はこの日に上洛する予定だったが安土から動かなかった。武田信玄の女婿でもある木曾義昌が苗木（中津川市）の遠山友忠による調略に応じたという報告が岐阜城の信忠からすでにもたらされていたからだろう。『信長公記』が記す2月1日は、義昌の弟、上松蔵人が人質として安土へ送られてきた日ではなかったろうか。信長が武田氏攻めの準備を諸将に命じたのは2月3日である。信長の当初プランは駿河口から家康、関東口から北条氏政、飛騨口から金森長近、伊那口からは信長と信忠が二手に分かれて乱入するというものだった。しかし、長年、対武田勝頼の最前線を担っていた信忠の動きは速かった。2月3日には軍備を整えた森長可《ながよし》、団忠正《だんただまさ》が先鋒として出陣している。信長が畿内の諸将に具体的な出陣の命令を下したのは2月9日であった。

条々　御書出

一　信長の出馬の際、大和の軍勢は筒井順慶が率いるので内々にその用意をすること、但し、高野山への対応のため少数は残り、吉野口を警固する。

一　河内の連判は烏帽子形城、高野山、雑賀表に備える。

一　和泉一国は紀州に向ける。

一　三好康長は四国に出陣する。

一　摂津は池田恒興が残り、子ども二人が出陣する。

一　中川清秀は出陣する。
一　多田の塩川勘十郎らは出陣する。
一　上山城衆は油断なく出陣の用意をする。
一　秀吉は中国地方に配置する。
一　細川藤孝については、忠興兄弟と一色満信が出陣し、藤孝は在国して警固する。
一　明智光秀は出陣の用意をする。
右、遠征であるので、人数は少なくし、在陣中兵糧が尽きぬよう準備することが肝要だ。但し、人数は多く引率できるよう努力、粉骨すべきである
　　二月九日　　　　天下布武印

この時、信長が指令をだした範囲は天正9年京都の馬揃の際、光秀に命じた諸将とほぼ重なる。信長本隊や近江の諸将は省かれているので、『信長公記』に記されたこの軍令状は光秀を経由して諸将に命じられたに相違ない。遠征なので人数は少なく、でもできるだけ多くという相反する命令に光秀は大いに困惑しただろう。

信忠の本隊は2月12日に岐阜を出陣している。信忠の先鋒は2月14日、木曾峠を越し、武田領内に侵入した。信忠からの報告に対し、信長は自らが動くまで前進をひかえるよう度々軍令を下しているが、肝心の信長が安土を出陣したのは3月5日であった。最初に出陣を予告してからひと月以上かかっている。岐阜城時代の信長であれば、軍勢がそろうのを待たずに馬廻を率いて出陣しただろうし、先鋒として有力武将を先駆けさせることは可能だったはずだ。しかし、信長はいずれの方法も選ばなかった。文書に記された信長の命令と信長本人の意志の間には明らかにずれがあるとしか思えない。

大和からの軍勢は3月2日、3日に分かれて安土へ向かっていった。多聞院英俊は「上下ノ迷惑無限事也」と記すが、形見分けして従軍した長篠の戦いの時のような悲壮感は伝わってこない。出陣にこれだけ手間取ったのは、兵糧などの手配だけではなく、軍装をできるだけきらびやかにするためだったのではなかろうか。信長じしん端から戦場の最前線に立とうとは思っていなかったのに相違ない。信長は武田旧領に住まう人々に新しい時代の支配者としての信長と信長軍の威儀を見せる目的で出陣したのではなかっただろうか。

4日、丹波から甲府遠征へ出陣する光秀の軍勢が京都を通過していった。この時点では人数も散り〳〵で、しほ〳〵したる体で、とても大事な戦いに向かう軍勢とは見えず笑止という京童の感想を勧修寺晴豊は日記に記している。一方、安土から出陣する信長軍を見物した盛方院浄勝は安土から佐和山まで武具を帯びた軍勢が続き、「日向守殊更多人数、奇麗の由」と吉田兼見に語っている。光秀は信長の軍事パレードを飾り立てるためさまざまな工夫を凝らして甲州遠征に臨んだのである。

3月6日、信長は岐阜に着いたが、その後も変調である。8日犬山に泊まったのは理解できるが、9日はなぜか遠回りして兼山（岐阜県可児市）に入った。10日高野（瑞浪市）、11日岩村（恵那市）という行程で信長はゆっくり進んでいく。信忠が岐阜から高野まで2日で着いているので、信長が軍事パレードを犬山（愛知県犬山市）や兼山の人々に見せたかったとしか思えない。信長がようやく岩村にたどり着いた日には、武田勝頼が天目山（山梨県甲州市）で自刃し、武田氏は滅んでしまった。武田勝頼の首が信長のもとに届けられたのは14日浪合（長野県下伊那郡阿智村）に信長が滞在している時で、信長はそれを飯田（飯田市）まで運ばせて晒《さら》し、さらに京都で獄門に懸けさせている。飯島（上伊那郡飯島町）に着陣した17日、信長は松井友閑に戦況を知らせた。その中で元美濃守護土岐頼芸、元岩

鶴ケ城（高野城）跡の山頂の広場からは市街地が見下ろせる（瑞浪市土岐町）

倉城主織田信賢、元犬山城主織田信清、六角承禎の子次郎と若狭武田氏の一族信景が小屋から発見されたことも記されている。かつて、武田信玄が本願寺、足利義昭、松永久秀、朝倉義景、浅井長政らと共に信長包囲網を形成し上洛をめざしたころ、信長旧領の占領行政を円滑にするため彼らを保護していたのだろう。信長は六角次郎と武田信景を切腹させ、他の3人はそれなりの対処をしたことも友閑宛の黒印状に記されている。

土岐頼芸は稲葉一鉄に預けられることになり、一鉄のはからいで美濃に帰ることができた。同年12月4日、岐礼《きれ》（岐阜県揖斐川町谷汲）で没している。信長に同行していた光秀も頼芸に会う機会があったかもしれない。だとすると、信長と同行した甲斐への旅は、土岐一族繁栄の礎を築いた土岐光衡《みつひら》ゆかりの高野城（鶴ヶ城）に泊まり、美濃最後の守護で自らも若いころ仕えた可能性もある頼芸とも相まみえたことになろう。土岐氏一族の出身であるということを強く意識していた光秀にとってそれはどんな出会いになったのだろうか。

信長が上諏訪の法華寺（諏訪市）に着いたのは3月19日である。信長は4月2日まで上諏訪に滞在し、そこで武田氏旧領の知行割と甲斐信濃の国掟を定めた。28日には諸卒を現地解散とし、織田家の主要メンバーは信長と共に富士山を見物し、駿河・遠江をまわって安土へ帰ることになる。『明智軍記』は甲州遠征中信長が光秀に鉄拳制裁し光秀が面目を失ったという話をのせている。原因は稲葉一鉄にもともと仕えていた斎藤利三、那波直治を光秀が召し抱えたことへの抗議を一鉄が信長に申し出たことである。このふたりをめぐるいさかいについては『本朝通鑑続編』や『宇土家譜』など17世紀後半の史料にも記載されている。また、『稲葉家譜』には5月27日付の堀秀政から稲葉彦六（一鉄もしくは一鉄の子貞通）と那波直治に宛てた2通の書状が記され、那波直治が信長の意志によって稲葉家側に帰され、稲葉家側で改めて召し抱えたことも確認される。しかし、斎藤利三と稲葉

武田信玄の居館跡には現在武田神社がある（山梨県甲府市）

家との関係はどうだろう。元亀元（1570）年利三は稲葉一鉄父子共に守山に配置されたこともある。しかし、利三と稲葉家の関係はせいぜい与力であった程度であり、次章で述べるが、一鉄と石谷頼辰《よりとき》・斎藤利三兄弟の関係はきわめて良好である。斎藤利三と那波直治を同列で語るわけにはいかないだろう。ふたりの帰属をめぐって、信長が光秀を殴打したという話は本能寺の変の原因を探ろうとした17世紀半ばすぎの人々の考えという程度にとどめておいた方がよいだろう。

信長が上諏訪を発って2日後、武田信玄居館跡（現在の武田神社・甲府市）に信忠が建てた仮御殿に信長が滞在していたころ、恵林寺（甲州市）が炎に包まれ、快川紹喜をはじめ150名が焼殺された。理由は恵林寺が六角次郎らを匿《かくま》っていたからだった。これも信長の命でそれを諫めようとした光秀を信長が折檻したという話が『絵本太閤記』に記されているが、もともと恵林寺焼討ちは信忠が実行したものである。信長側近、武井夕庵と快川紹喜は古くからの知り合いだったし、信長も『安土山之記』を紹喜の弟子、南化玄興に作らせているくらいで、直接会っていなくても紹喜のことは十分知っていただろう。恵林寺焼討ちは信忠の独断だったし、その報に接した光秀にしても、驚きはしたものの自らが率先した比叡山焼討ちを思い出した程度だったろう。

4月10日に甲府を出発した信長一行を家康や信長の家臣たちが随所に仮設の御殿や茶屋を建ててもてなした。名所旧跡をめぐる文字通りの大名旅行であった。そして、信長が安土へ凱旋したのが4月21日だった。

最終章　本能寺の変

なぜ〝変〟になったのか

天正10（1582）年6月2日、明智光秀が京都の本能寺に宿泊していた信長を襲殺した事件はその後の日本史の方向を大きく変えた。もし、信長が生きていたら？　光秀はなぜ、信長を裏切ったのか？　というのは現代の日本人にとっても興味津々の魅力あるテーマだ。特に後者はアカデミックな歴史研究者を交えてさまざまな説が提唱されてきた。本能寺の変だけをテーマにした書籍も数多く出版されており、ここでは個々の説について紹介するつもりはない。ただ、ひと言言わせてもらうなら、6月2日、光秀が信長を殺害しただけであれば、単なる殺人事件で終わっていたはずだ。天正10年の6月2日、日本中の人々が次の時代の展開がまったく読めない大事件（変）になったのは、光秀が信長と共に信忠を葬ることができたからである。天正10年には信長がいつ不慮の死を遂げようと織田政権は天下一統をめざして信忠を中心に結集できる体制が整っていた。安土へ移ってからの信長が実際に軍団を指揮してみせたのは天正5年の雑賀攻めまでである。その後織田軍団の諸将を動員した大規模軍事作戦での指揮権は信忠に譲られていた。信忠も信長の期待に応え、武田攻めで遺憾なくその実力を発揮してみせたところだった。信長は信忠に天下をも譲ろうとしていた。もし本能寺の変で信忠が生き延びることができたとしたら、一時の混乱はあっただろうが、すぐに織田家はなんの支障もなく信忠を中心にまとまり、大きな混乱にはならなかったはずである。本能寺の変についてはさまざまな陰謀説も提唱されているが、光秀が最終的に決断できたのはこのふたりが無防備な状態で京都にいることを知っていたからだ。端的にいえば本能寺の変は織田政権の危機管理上のミスが招いたものなのである。

本能寺の変については、誰がこの危機管理上のミスを招くことができたかという点となぜ、光秀がそのミスをついて、信長、信忠殺害を決行する気になったかを分けて考えてみる必要があるだろう。後者はこの事件を引き起こした副次的な要因にすぎない。その点に留意しながら、甲州から帰還した後の信長、信忠、そして光秀の動向を追ってみることにしよう。

中国と四国

4月24日、信長は丹後の一色満信と細川藤孝宛に朱印状を送った。

「中国地方への進発は秋を想定していたが、小早川隆景が備前児島から逃げ、備中高山に立てこもったので、それを包囲したという羽柴秀吉からの報告があった。重ねて一報がきたらすぐに出陣できるよう由断なく準備にとりかかりなさい。なお、明智光秀からも申し伝える。謹言」

備中高山（幸山・岡山県総社市西部）は備中高松城（岡山市北区高松）の西南7・3キロにあり、4月24日の時点で秀吉軍がそこまで進撃できたとは思えないが、秀吉は冠城（岡山市北区下足守）を攻め落とし、河屋城（倉敷市矢部）を開城させ、備中高松城に迫っていたのは事実である。そこで、新たな状況の変化があればすぐ出陣できるようにとの軍令である。光秀が申し伝えるといっても、副状を出すだけであるが、光秀は21日、信長と共に安土に戻り、その後もしばらく安土に滞在していたということだろう。当然、光秀も出陣準備が命じられたはずだ。前年、鳥取城を攻めていた秀吉への援軍を命じられた光秀は水軍の派遣だけですませたが、今回は全力で秀吉を支援することになるだろうことを覚悟していただろう。

5月7日、信長は織田信孝に朱印状で四国出兵を命じた。讃岐を信孝領、阿波を三好一族の長老、三好康長領とし、伊予・土佐は信長が淡路に出馬した際指示する、三好康長に対しては君臣・父母の思いで接するようにという内容であった。本願寺顕如の側近、宇野主水の日記にも信孝が康長の養子として（四国へ）渡海するという記述がある。信長は信孝に名門三好家を嗣がせ四国の主にしようとしていた。但しこの時点で伊予・土佐の方針は示されておらず、長宗我部氏をどのようにするか信長の最終判断は定まっていなかった。

信長の対長宗我部外交には斎藤利三が古くから関与していた。斎藤利三は斎藤利賢の次男であったが、長男頼辰が美濃を本拠とする室町幕府奉公衆石谷光政の養子になったため斎藤家を嗣いだ。石谷光政と頼辰が足利義輝に仕えていた永禄6（1563）年には光政の娘が長宗我部元親に嫁いでいる。後に元親の嫡男信親に頼辰の娘が嫁ぎ、長宗我部家と石谷家は重縁で深く結ばれていたのである。頼辰は義輝没後も三好三人衆のもとで京都にとどまったが、信長上洛後は牢人して美濃に戻ってきている。その後の光政の動向は不明であるが、天正期には娘の嫁ぎ先である長宗我部氏の元に身を寄せていた。

近年、「石谷家文書」が発見され、利三や頼辰を通した織田氏と長宗我部氏の関わりがより明らかになってきた（編浅利尚民・内池英樹『石谷家文書 将軍側近のみた戦国乱世』吉川弘文館）。頼辰は天正3年ころ畿内に滞在し、天正6年と推定されている11月24日付長宗我部家臣中島重房・忠秀から頼辰と利三へ宛てた書状からふたりが共に行動し、石谷光政は土佐にいたことが確定した。同6年と推定されている12月16日付、長宗我部元親から頼辰への書状では信長から朱印状が届き元親の嫡男が信の字を拝領したことに触れ、とりなしてくれた頼辰と利三への感謝を述べている。文中にある信長の朱印状は10月26日、元親の嫡男信親に宛てたもので、信親から明智光秀への書状に対する信長の返信でもあった。ところが、先の元親書状では光秀の名はでてこないものの稲葉殿兄弟についての言及はある。この稲葉殿が一鉄であるのか一鉄の嫡男貞通を指すのかは難しいところだが、頼辰が稲葉氏を通じて、利三が光秀を通じてふたつのルートで信長に接近しようとしたのかもしれない。いずれにせよ、稲葉氏と頼辰・利三兄弟は終始親密であった。本能寺の変後、利三の妻子を一鉄が保護しており、前章で触れた、利三が光秀に仕えたことをめぐる軋轢《あつれき》はあり得なかったろう。

天正6年の段階で、信長は四国に関しては明確な方針を持たなかった。長宗我部元親の四国制覇をめざす行動を黙認していたのである。元親は天正7年には阿波を制圧し、讃岐や伊予へ手を伸ばそうとしていた。天正8年6月には元親から信長へ鷹と砂糖、同年12月には伊予鶏（鷹か）が贈られている。いずれも光秀が取次で信長と元親の関係は良好なようにみえた。天正9年になって信長は四国政策を転換させた。1月には三好康長を讃岐に派遣し、3月、康長はすでに長宗我部氏に降《くだ》っていた阿波岩倉城主の三好式部少輔を信長に帰属させることに成功した。6月12日、信長は元親の弟、香宗我部《こうそかべ》親泰に朱印状を送り、三好式部少輔が信長方であることを宣言し、阿波については相談するよう求めたのである。事実上、阿波半国を長宗我部氏から信長が奪ったことになる。

信長の政策変更に元親はすぐには対応できなかったようだ。天正11年2月20日、近衛前久が石谷光政、頼辰に送った書状によれば、天正9年の冬には、信長に元親の姿勢を悪しざまに非難する者がおり、一時信長の態度も硬化したが、近衛前久が元親には疎意がないことを信長に納得させた。信長が光秀に命じて使者を派遣したのも、前久が信長に申し入れたからだという。その後、元親から信長に遣わした使者が大鷹二羽を信長に進上し、信長も喜び元親との関係も然るべきように改善されると思ったが、佞人《ねいじん》がさらに讒言《ざんげん》したことで信長と前久、元親の関係が悪化したという。この書状にでてくる光秀が元親に送った使者が頼辰であり、土佐と阿波の南半分の領有で満足することが長宗我部氏のためであることを説得させるためのものだった。前久書状にある佞人とは信長と前久との仲をうらやんだ公家衆というのが、「石谷家文書」を紹介した浅利尚民氏らの意見であるが果たしてそうだろうか。信長と前久の関係が悪化するのは信長が甲州遠征に出掛けた際であり、前久は信長と共に安土を出陣したが、信長の東海道漫遊の旅には同行しなかった。戦陣の場で、信長と前久の離反を工作できる公家衆がいたとは思えない。むしろ、信長側近の中に対長宗我部強硬論者がいて、信長の政策変更を後押ししたのではないだろうか。

そして5月7日の織田信孝宛朱印状は長宗我部氏を土佐一国に封じ込めるか滅ぼすという信長の最終的な意思表明だったと思う。それを受けて、再度光秀は頼辰を土佐へ派遣した。ぎりぎりまで、光秀は元親と信長の和睦を調停しようとしたのである。それを受けた元親の回答が5月21日利三に送られている。それには、信長の新しい朱印状に応じて、一宮（徳島市一宮町）、夷山城《えびすやま》（徳島市八万町）、畑山城（阿南市桑野町）、牛岐城（阿南市富岡町）、仁宇《にう》（徳島県那賀町）南方からは撤退したので、信長に披露してもらうよう依頼したものだ。併せて長年にわたり信長のため骨を砕いて働き、信長に対して悪事を働こうなどとも思っていなかったのに、思いもよらないことになったのは納得できないとも述べている。信長に披露できないと頼辰が主張している条件にも触れている。それは海部（海部郡海陽町）・大西（三好市池田町）両城を明け渡さないことで、両城は阿波から土佐への門にあたるので領有を認めてほしいという元親からの哀願であった。

5月21日、神戸（三重県鈴鹿市）にある織田信孝の勅願所龍光院の塔頭、慈円院の正以から伊勢内宮の藤波氏への書状に四国の件は大方、戦闘でなく公事でまとまるという三好康長の見通しが記されている。長宗

阿波攻略関係図

我部元親側も厭戦気分だったし、信長方の最前線にいる康長にしても後は条件交渉だけという想いだったのである。最終的には海部・大西両城も譲歩する形でしか、長宗我部家存続の道は残されていなかったのである。なお、正以の書状から、神戸地区では15歳から60歳までの成人男子が四国出兵に駆り出され、残ったのは武具を調えることができない寺院関係者のみという状況であったこともわかる。兵農分離など全くなし得ていなかったのである。

愛宕百韻

5月14日、織田信忠、15日には徳川家康と穴山信君《のぶただ》が安土に着いた。家康は武田氏の旧領、駿河・遠江両国を拝領した礼に、信君は旧領を安堵された礼をするために信長の待つ安土へやってきたのである。14日には信長から光秀に在庄が命じられた。無論、この日に家康たちへの接待が突然命令されたわけでなく、その事前準備に光秀はおおわらわだった。光秀は信長の威光を形で表現すべく、15日から17日まで、京都・堺で入手した珍しい物を取りそろえおびただしい結構でもてなしたと『信長公記』に記されている。

西国では備中高松城をめぐる戦いが最終局面を迎えていた。備中高松城を水攻めした羽柴秀吉に対し、毛利輝元が大軍を率いて救援に向かった。しかし、輝元は高松城西方18キロの猿掛城（倉敷市と小田郡矢掛町境）に本陣を置き、高梁川を隔てて両軍がにらみ合っただけで、秀吉軍を武力で排除しようとはしなかった。輝元にしても、出陣したものの数年間続いた信長との抗争に疲弊し、最終決戦でなく和議を結ぶため備中高松城と適度の距離のある場所に出向いたのだろう。本能寺の変後、秀吉がすぐに毛利と和議を結び畿内に反転できたのはすでに下交渉がまとまっていたからだろう。

5月17日、毛利輝元が出陣してきたという秀吉からの情報が安土の信長にもたらされた。信長は秀吉に軽率な戦いを避けるよう指示し、光秀には秀吉と協力して事にあたるよう出陣を命じた。『信長公記』によれば、光秀と共に先陣を命じられたのは細川忠興・池田恒興・塩川吉大夫・高山右近・中川清秀であった。筒井順慶も出陣準備のため大和郡山に戻ったことが、『多聞院日記』からうかがえる。

フロイスの『日本史』は、光秀が家康たちの饗宴を準備していた時に、信長の命令に対して言葉を返し、信長が立ち上がり、怒りをこめ、一度か二度光秀を足蹴にしたという噂を伝えている。この事件は密室でふたりの間だけの出来事とされ、信長が怒った原因について、詮索好きのフロイスも記していない。上諏訪での鉄拳制裁同様、光秀謀反の原因を考えた人々が思いついただけかもしれない。ワンマン、パワハラが批判の対象とならなかった時代に信長に仕えた者にとって、信長から叱責をくらうのは当たり前のことで、そのストレスで精神的異常をきたすようでは織田家の重臣はつとまらなかっただろう。フロイスも噂として伝えているだけで、「その過度の利欲と野心が募り、ついにはそれが天下の主になることを彼に望ませるまでになったのかもしれない」というのがフロイスの見立てである。

5月17日、光秀は安土から坂本に帰城した。坂本で出陣の準備を整えた光秀が丹波の亀山城に入ったのは26日である。亀山では特別な準備は必要なかったのか、翌27日、愛宕山に登っている。愛宕山は標高924メートル、都の西北にそびえる霊山である。主神として祀られる愛宕権現は火防せの神として日本全国で崇敬を集めた。愛宕信仰はもうひとつの顔をもっている。神仏習合の思想で愛宕権現は勝軍地蔵と同一視され、その名にあやかり軍《いくさ》の神として戦国武将たちから崇められるようになったのである。光秀が戦勝祈願として愛宕山に登ることはごく自然な成り行きだった。愛宕山への通常の登山ルートは、東南、京都の清滝を始点とするものだが、西南の丹波亀山から向かうルートもあり、現在、明智越えと呼ばれている。しかし、この日光秀が登ったのは清滝からだと筆者は思う。光秀が愛宕山に登る目的は単なる登山でなく戦勝祈願である。神に祈るのにはそれなりの手順を踏まねばならない。聖域である愛宕山に入るには清滝川で禊をするのが式正な手順で、光秀がそれを省いたとは到底思えないからだ。愛宕山に登った光秀は奥の院に祀られていた太郎坊の前で籤を二度三度引きなおした。

光秀にあわせ里村紹巴をはじめとする光秀ゆかりの文人たちもぞくぞく参集してきた。翌28日（27日説あり）西坊（威徳院）で連歌会が催された。世にいう「愛宕百韻」である。「ときは今　あめが下知る　五月哉」という光秀の発句にその意味を読み取った紹巴が3句で「花落つる　流れの末を　関とめて」と、光秀の翻意を促したという説もあるが、真実はわからない。ここでは、光秀が詠んだ別の一句を紹介しよう。

「月は秋　秋はもなか（最中）の　夜はの月」

今日では、月単独でも秋の季語なので、このように季語を重ねると、師匠に一発で破門を申し渡されそうだが、この時代の連歌は現代よりおおらかなインテリの遊びである。しかもこの句は光秀がその場の思い付きで詠んだものではない。光秀がすでに準備してあった狙いの一句なのである。天正9年8月14日、光秀が周山城で津田宗及と月見を楽しんだことはすでに紹介したが、この時、光秀は「月は秋　秋は見山の　今宵哉」という発句を詠んでいる。この句の見山は周山からすぐ北にある美山をかけたものだろう。光秀はこの句で季語を3連発し、それをふまえて愛宕山では4連発の句にしたのである。

連歌でも茶の湯でも、光秀は遊び心を発揮することができた。芸事の世界でそれが許されるのは、光秀がその世界で手だれとして認められていたからだ。挙句は光秀の子、光慶の「国々は猶　のどかなるころ」。光慶も光秀連歌会の常連で、1句だけ詠むのがお約束になっていた。挙句はおおまかな落としどころが決まっており、何句か準備しておけばすむ。この句も光秀監修のもと用意してあったものだろう。28日、光秀は亀山へ戻っていった。本能寺の変はその3日後である。

信忠の京都滞在

5月17日光秀たちが出陣準備のため、安土を去った後も家康饗宴の儀は続いた。5月19日は幸若八郎九郎大夫の舞、当初、丹波猿楽の梅若大夫の能は翌日の予定だったが、急きょこの日に演じることになった。しかし、これが不出来で信長の逆鱗にふれ、幸若八郎九郎大夫の再登板になった。20日には丹羽長秀・堀秀政らが振舞の準備を担当、信長自慢の高雲寺御殿で家康たちをもてなし、信長自ら膳を運んでみせた。

21日、家康たちは上洛する。京都・大坂・奈良・堺をゆったり見物するようにという信長の提案によるものである。信長は一行に案内役として長谷川秀一を随行させ、大坂では織田信澄《のぶずみ》・丹羽長秀に接待を命じた。『信長公記』は随行として秀一しか記してないが、実際にはより重要なアテンダントとして織田信忠も同行することになっていた。

22日、信忠は禁裏にさらしなどを献上、23日には禁裏から信忠に小鷹、唐錦《からにしき》などが下賜されている。使者は勧修寺晴豊であった。25日、誠仁親王から信忠へ十合十荷の角樽（酒）

5月21日	晴れ 信忠、徳川家康、穴山信君とともに上洛
5月22日	晴れ 信忠、禁裏にさらしなど献上
5月23日	晴れ 禁裏から信忠に小鷹、唐錦など下賜　勧修寺晴豊が使者
5月24日	晩雨
5月25日	雨
5月26日	雨、「言経卿記」では晴れ、夜豪雨 光秀、坂本城から亀山城へ移動 清水で能、信忠、家康らと共に観る
5月27日	晴れ 光秀、愛宕山に登る 勧修寺晴豊、親王よりあずかった十合十荷を信忠に届けようとするが、信忠には会えず、村井貞勝に申し渡す 信忠、森乱（蘭丸）に堺見物をキャンセルし、京都で信長を待つと伝える
5月28日	晴れ 光秀、愛宕百韻連歌 利休、信忠の堺下向ドタキャンを知る
5月29日	雨　信長上洛 家康、堺へ向かう
6月 1日	晴れ （朝）今井宗久、（昼）津田宗及、（晩）松井友閑　家康をもてなす
6月 2日	晴れ 本能寺の変

織田信忠・徳川家康の行動

が贈られることになる。26日、晴豊は親王からの下賜品を信忠に届けるべきと思ったが、信忠が清水で家康、信君と共に能を見た後、振舞をうけているため延期した。27日、晴豊は荷物をもって信忠の宿泊する妙覚寺へ向かうが信忠に会えず、結局村井貞勝に預けることになってしまう。夕刻にでも信忠が戻ってくることがわかっていれば、出直したであろう。また改めて翌日にすることもできたはずだ。にもかかわらず、親王からのプレゼントを貞勝に預けざるを得なかったのは、貞勝も信忠がいつ妙覚寺に戻るかわからなかった、もしくは信忠の動向を他言することを憚《はば》かったためだろう。翌日に延ばせなかったのは、当初翌日に信忠は京都を離れることになっていたからだ。

この日、信忠はある決断を下していた。森乱（蘭丸）に宛てた書状で、中国表へ信長が出馬されるというので、堺見物を遠慮し、京都で待つと伝えたのだ。宛先は乱であるが、当然、信長へ披露されることが目的である。尚書《なおが》きでは、家康が明日大坂、堺へ出発すると伝えている。実際に家康が堺へ下ったのは29日である。家康も信忠の急なスケジュール変更に対応できず、1日遅らせることになったのだろう。

堺では有力な町衆が二手に分かれて信忠と家康を饗応しようと待ち構えていた。信忠接待グループの長、千利休が信忠の予定変更を知ったのは当初堺へ下向することになっていた28日である。利休は養子少庵に信忠が堺に下向しないことを知り、利休はじめ堺南北庄の町衆たちが力を失い、茶の湯の面目を失したと告げている。信忠をもてなすための道具立てをはじめさまざまな趣向をこらして、準備を調えたのがまさに水泡に帰してしまったと嘆いたのである。

信忠の決断によって、織田政権に危機管理上の失態が生じた。本能寺の変にもし黒幕がいたのであれば、信忠の決断を後押しすることができた人物だろう。しかし、信忠に家康一行のアテンダントを命じたのは信長のはずである。信長の命に背いてまで、信忠に京都滞在を働きかけることのできた人物がいるだろうか。信忠のスケジュール変更ができたのは信長もしくは信忠自身しかありえない。信長から指令があったのか、もしくは信忠の気まぐれによって、この日から本能寺の変へのカウントダウンが始まったのである。

信忠の愛宕参詣

本能寺直前の信忠の動向で筆者が以前から気になっていた記事がフロイスの『日本史』にのせられている。

「そして都に着くと、同所から三里のところにある愛宕と称せられる山にある悪魔に二千五百クルザードを献納した。なおその悪魔への深い信心から、それに捧げる一種の犠牲の行として、自らの邸で裸となって全身に雪をかぶる苦行をした。だがその三日以内に悪魔に対するその奉仕の報いを受けるに至った」

宣教師の記録は江戸時代の軍記物とは違いまさに同時代の貴重な史料である。しかし、それを読み解くには特殊なリテラシーが必要で、すべての記事をそのまま歴史的事実として鵜呑みにしない方がいい。特に、宣教師たちが悪魔の教えと考え敵対していた寺院や神社などの記事は注意が必要である。また、さまざまな出来事に対しても、神の摂理として説明しようとする傾向が強い。この場合も、宣教師たちが好意を寄せていた信忠が亡くなった理由を信忠が悪魔の教えである愛宕を信仰したからだ、という宣教師側の理解がこの記事に反映されていると考えていた。また、本能寺の変の直前に京都で雪をかぶって修行などまずあり得ないことのように思えたからだ。

信忠が愛宕を信仰していたことは事実である。信忠は武田氏を滅ぼした後、当時信濃から甲斐へ遷されていた善光寺如来を岐阜に勧請した。勧請された場所は伊奈波神社の門前の参道の北側、現在善光寺安乗院のある場所である。そして、参道をはさんだ南側にはかつて愛宕社が存在した。現在は伊奈波神社に合祀されているが、善光寺と愛宕社は本来一対のものとして信忠が再配置したと考えられるから、フロイスの記述は信忠が武田氏討滅を岐阜の愛宕社に祈願したという記事と錯乱して作話されたのではないかと考えていたのである。

令和元（２０１９）年の４月後半、筆者は光秀関係の取材で初めて愛宕山に登った。同行した男性陣は筆者を含めて還暦を過ぎていたので、誰かひとりでも途中で弱音をはいたら即みんなでギブアップみたいな我慢比べしながら山道を登っていった。山道の途中からは京都の町並みが一望できた。今日のようにガスってさえいなければ、愛宕山から京都にどの程度の軍勢がとどまっているのかも把握できただろう。事前に調べてあった平均所要時間を大幅に上回り3時間以上もかけてトレーナーを汗でびっしょりにしてようやく山頂部にたどり着くことができた。かつて光秀が連歌会を開いた威徳院は現在の社務所あたりで、本宮より一段低い平場にある。４５０年前のできごとを思い浮かべながら本宮への石段を登りきり、お約束の御神籤は1回目に末吉だったのでそれでよしとすることにした。本宮には威徳院の文字が記された絵馬がかかっており、感慨一入だったが、一番驚かされたのは山頂部に雪が残っていたことだった。今日のように温暖化が進んでなく、修行のためにに雪を確保するという意志さえあれば、天正10年旧暦5月末の愛宕山で雪を見ることができたのではないかと思うようになったのである。その場合、フロイスが記した信忠が修行した自らの邸とは京都の宿泊地妙覚寺ではなく、愛宕山の宿坊と読めるだろう。

だとすると、信忠が登った日はいつになるだろう。フロイスが記した本能寺の変の３日前をそのままあてはめると28日で、京都の天気も晴れである。その前後というと、29日は天候も雨で信長が上洛してくる日で信忠も在京して待ち受けていただろうからあり得ない。27日は天候も晴れで、晴豊が親王からの進物を届けようとして信忠に会えなかった日、信忠が堺行きをドタキャンした日にあたる。26日は清水で能のあった日だ。だとすると、信忠が愛宕山に登った可能性のある日は27日もしくは28日に限られるだろう。そしてその両日は光秀が愛宕山に登っていた日でもあった。

これらの仮説が正しいとすると　光秀と信忠は愛宕山でニアミスしたことになる。もし光秀が信忠の参詣を知ったならば、連歌会の途中であっても、挨拶するため必ず信忠のもとに出向いたに相違ない。当然、四国、中国の動静、信長の動向の他、信忠の堺行きドタキャンもこの時話題にのぼったであろう。

偶然、信長と信忠ふたりを同時に葬るチャンスが転がり込んできたのである。光秀がまさに〝ときは今〟と感じても不思議ではないだろう。

信長最後の夜

5月29日、信長が上洛してきた。吉田兼見は山科、勧修寺晴豊は粟田口（三条口）まで迎えに出向いたが、迎えは無用という連絡が入り、それぞれ帰宅している。信忠は信長の宿舎である本能寺へは出向いただろう。6月1日、本能寺は公家たちをはじめ多くの来客でにぎわった。信長は公家たちと会見し、甲州遠征の話や4日には西国へ向けて出陣するが、造作もなく片付という見通しを語った。晴豊には1月から懸案になっている閏月を年末に入れるべきだという主張を繰り返して、晴豊は「いわれざる事也、これ信長むりなる事候」と日記に記している。『言経卿記』には「茶子・茶有之」と記され、この日、本能寺で茶会が開かれたと解釈する人もいる。確かに、信長は上洛にあわせて、安土から大量の茶道具を運ばせていた。そのため、信長自慢の茶道具は信長と運命を共にすることになる。しかし、その信長が本能寺へ持参した茶道具の目録には茶壺がひとつも含まれていな

本能寺跡。天正10年、本能寺は堀川四条の近くにあった（京都市中京区）

い。葉茶を入れる茶壺がなくても茶会は開けるように思えるかもしれない。

　しかし、信長が茶会を開くのであれば、飾りに使うため茶壺も持ち込んだに相違ない。6月1日、信長が公家衆に茶をふるまったのは確かだろうが、それは若いころの信長が津島の町人たちに声をかけながら茶をふるまったのと同様で茶会とはいえないのではないだろうか。それではなぜ大量の茶道具の名品を携えて信長が上洛したのだろう。この時、京都にいた博多の商人、神屋宗湛や島井宗室に見せるためという意見もあるが、それならば、安土へ招けばすむことだろう。自慢の茶道具だけでなく安土城の天主や御殿も見せた方が彼らを懐柔するには効果的なはずだ。

本能寺の変のちょうど1年後、秀吉は大徳寺で信長の一周忌をすませた後、大坂城へ入るという噂を多聞院英俊が日記に記している。なぜ、そのような噂が生まれたのだろう。信長が安土の次の拠点として大坂を考えていたのはほぼ定説である。信長は天正10年6月、大坂へ移り住もうとしていたのではないだろうか。建設途上で居場所を変えるのは安土の時がそうだった。天正3年11月、岐阜城と織田家の家督をさっさと信忠に譲り、信長は茶の湯道具だけを携え城下の佐久間信盛の館に移り、天正4年2月には建設工事が始まったばかりの安土へ引越してしまった。安土の普請奉行をつとめた丹羽長秀が本能寺の変の際、大坂城にいたことも、信長が岐阜から安土へ移る時の状況に似ている。茶壺を持参していなかったのは、新居に持っていく自慢の茶壺は宇治で葉茶を詰めていたのではないかという想像もできるだろう。

『信長公記』や5月7日の「信孝宛朱印状」からは、信長が自ら西国への動座や、淡路への出馬を宣言しているように見えるが、甲州遠征の時も、信長文書と信長本人の意思は明らかにずれがあった。すべてが片付いた後で名所遊覧に出掛けることはあっても、信長が戦場に出向くつもりはなかったのではなかろうか。この時の信長の目的地は大坂で、それを知っていたからこそ秀吉は自らが信長の後継者たることをアピールするため1年前信長が果たせなかった行動をトレースしようとしていたように思えるのである。

秀吉の御伽衆、大村由己《ゆうこ》の『惟任退治記』によれば、多くの来客が帰っていた6月1日の宵、信長はいつものように信忠と親しく語らった。信長は壮年のころを振り返り、今はなにひとつ残るところがないほどの果報と喜び、万代長久の栄耀が続くようにと村井貞勝をはじめ近習や小姓たちにまで優しいお詞をかけた。深夜になり、信忠は暇乞いして妙覚寺へ帰っていった。信長は婦人たちのいる寝室に赴き、召し集めた美女たちと共寝して深い契りをこめた。信長最後の夜である。

本能寺の変

天正10(1582)年6月1日の夜、光秀は明智秀満、明智光忠、藤田伝五、斎藤利三に信長・信忠襲殺計画を打ち明ける。藤田伝五も明智姓をもらっているので、斎藤利三以外すべて擬制ではあるが明智一族ということになる。そして、亀山城から明智軍が出陣した。途中、老の山で光秀は山崎（大山崎町）から摂津へ向かうと兵たちに告げた。ここで、光秀が全軍に発した「敵は本能寺にあり」という台詞が有名であるが、これは頼山陽の漢詩、「本能寺」によるものだ。

　本能寺　溝は幾尺《いくせき》なるぞ
吾大事を就すは　今夕に在り
茭粽《こうそう》手に在り　茭を併て食らふ
四簷《しえん》の楳雨　天墨の如し
老の坂西へ去れば　備中の道
鞭を揚げて　東に指せば　天猶早し
吾敵は正に本能寺に在り
敵は備中に在り　汝能く備えよ

　茭粽はちまき、「茭を併て食ふ」とはちまきをを包んだ竹の葉ごと食べることである。四簷は四方の庇《ひさし》、楳雨は梅雨である。『信長公記』では老の山とするが、頼山陽が老の坂

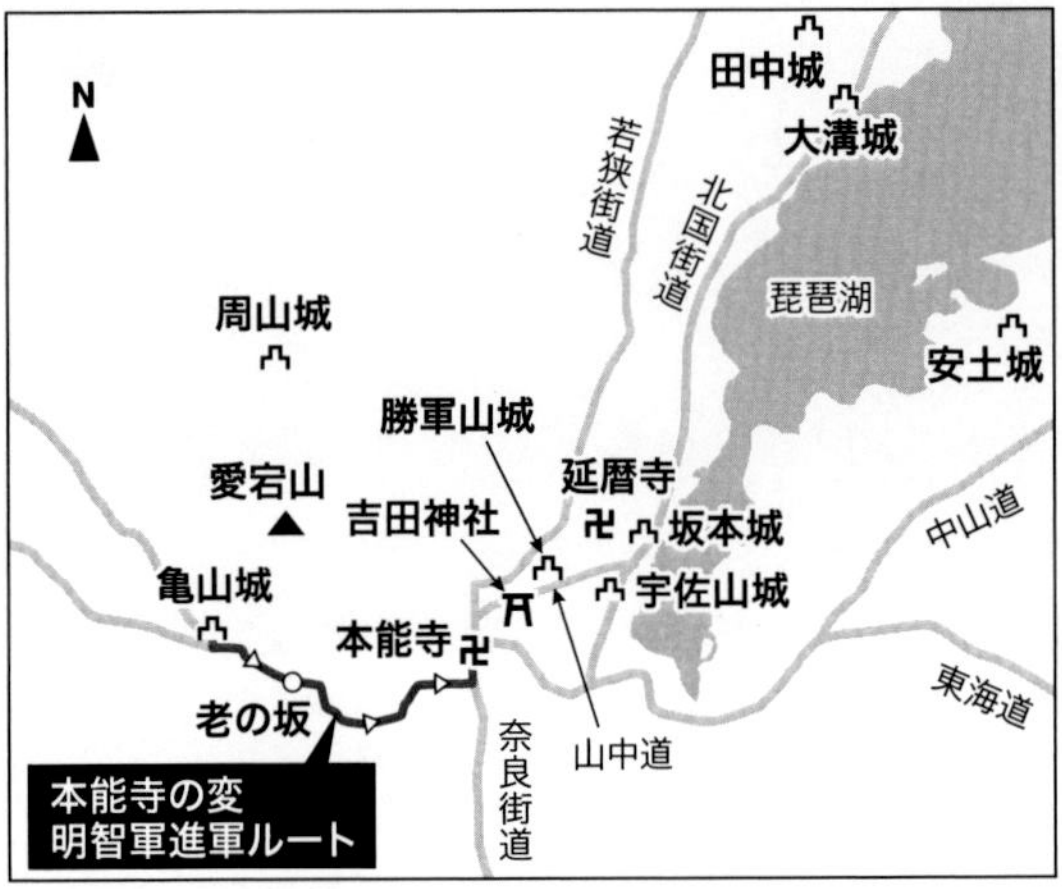

とし、現在は後者が有名になってしまった。無論、光秀がここで全軍に目的地を告げ号令したというのは誤りである。この時光秀方として従軍した本城惣右衛門の自筆覚書があり、惣右衛門は本能寺という寺院も襲撃のターゲットが信長であることも知らず、家康を狙った作戦と考えていたことがわかる。兵士たちが信長の命で家康を襲撃すると考えていたことはフロイスの『日本史』にも同様な記述があり、兵士たちの動揺を防ぐために賢明な策だったと思う。

6月2日早朝、光秀軍は無防備な本能寺に殺到した。『信長公記』によれば、当初、信長や小姓たちもその騒ぎを下々の者が喧嘩していると思っていたが、やがて鬨の声がきこえ、御殿に鉄砲が撃ち込まれるようになった。「これは謀反か、いかなる者の企ぞ」という信長の問いに、森乱が「明智の者と思われます」と答えた。信長は「是非に及ばず」という言葉を残し、はじめは弓、続いて鑓で戦ったが、肘に鑓疵を受けて、すでに火の手が上がっていた殿中奥深くに退き、納戸の口を引き立て、あっけなく自刃した。

妙覚寺攻撃軍は手違いがあったのか、到着が少し遅れてしまった。そのため、信忠には選択肢が与えられた。この時、一目散に逃げていたらというのは、後から言えることであり、とりあえず騒ぎが起きているらしい本能寺へ向かおうとするのは自然だろう。しかし、さすがに本能寺へ駆けつける余裕まではなかった。信忠は村井貞勝の助言をうけ二条御所に立てこもったが、圧倒的な光秀軍の攻勢にあっけなく陥落し、信忠も自刃することになる。こうして、信長・信忠という織田家のキーパーソンふたりの殺人事件は光秀の計画通りに進んでしまったのである。

光秀は軍勢を近江に向けた。突然の大事件に京都の町中が騒然とするなか、吉田兼見は馬を粟田口まで飛ばし、光秀に対面している。在所の儀万端について光秀に頼みこんだと

老の坂。光秀はここで信長襲殺を最終的に決断し、軍勢を本能寺へ進めた。太田牛一の『信長公記』では老の山と記している（京都市と亀岡市境）

兼見は日記に記している。世の中の変化に右往左往するだけでなく、白らのコネクションを最大限に活かして権力者にすり寄っていく戦国時代の貴族の生き様がうかがえる。

光秀の次の目標は安土だった。しかし、その途上にある瀬田の山岡景隆、景佐兄弟が光秀の行く手を阻んだ。景佐は光秀の与力だった時期もあり、ふたりの弟、景友はかつて義昭の側近で上山城の守護に補任され、義昭の命で石山に兵を入れたこともある。本能寺の変の前に義昭と光秀が連絡を取っていたかは不明だが、光秀の軍勢には伊勢貞興をはじめとする義昭旧臣たちも多く、山岡一族が決然として瀬田橋と瀬田城を焼き払い、山中へ逃亡し、反光秀の態度をとったことは光秀にとって大誤算だったし、その後の趨勢《すうせい》を大きく左右したように思われる。

東進できなかった光秀は瀬田の橋詰めに渡河の足掛かりを作り始め、光秀本人は坂本へ帰城した。この日、光秀が発給した文書は『川角太閤記』などの軍記物に登場するものを除くと、美濃の安八郡野口城主西尾光教に宛てた1通だけしか知られていない。

「父子（信長・信忠）の悪逆、天下の妨げ、討ち果たし候、その表の儀御馳走候て大垣の城相済まさるべく候、委細山口喜兵衛尉申すべく候、恐々謹言」

西尾光教に西美濃の戦略的拠点、大垣城占領をよびかけたもので、至ってシンプルな文面である。同日付で全国に信長討滅を知らせる書状を多数送っただろうが、光秀に与同した武士たちは滅ぼされてしまったし、与同しなくても光秀との関係を疑われないよう処分してしまっただろうから、ほとんど残っていないのである。

細川藤孝の選択

山岡一族が光秀に応じていれば、6月2日のうちに光秀は安土まで侵出することができただろう。光秀がようやく安土に入城できたのは5日になってからだった。5日には光秀の女婿ということで周囲から疑いの眼を向けられ大坂城の千貫櫓に立てこもっていた織田信澄が織田信孝、丹羽長秀らに殺害されてしまった。もし、光秀の近江制覇が順調に進み、四国出兵直前の信孝軍が動揺し多くの兵たちが逃亡した状況の中で光秀が大坂に兵を進めることができたら、状況は全く違っていたはずだ。摂津の諸城の占領をすぐに命じなかったことが、光秀の戦略眼のなさであり、滅亡の発端と評価したフロイスの意見は正鵠《せいこく》を得ている。

但し、5日の時点で光秀方にはまだ勢いはあった。丹羽長秀の居城、佐和山城は山崎秀家、羽柴秀吉の居城、長浜城は斎藤利三が占領し、筒井順慶も光秀の支配する近江へ出兵し、多聞院英俊も順慶が光秀一味になったと日記に記している。

7日には勅使として吉田兼見が安土を訪れた。光秀は朝廷から勅使が派遣されるのを天下人の城である安土で待っていたという説もあるがそれはどうだろう。長年、京都周辺で朝廷と信長の関係を見ていた光秀がそこまで朝廷を頼りにしていたとは思えない。信長のように圧倒的な力を示せば、朝廷はいかようにも動くことを光秀は重々理解していたはずだ。光秀が動かなかったのは、光秀の当初プランが京都から西をめざすものでなく、近江そして美濃に盤石の基盤を築くというものだったからではなかったろうか。そのために、大垣城、岐阜城さらに東美濃への工作をすすめていたのではないだろうか。大垣城の氏家直通がこの時どのように動いたのかはわかっていないが、天正8年追放された安藤守就が兵を挙げ、主を失った岐阜城が斎藤道三の子、利尭《としたか》に占拠されている。光秀は美濃の武将たちを懐柔するためにも西へ向かうことができなかったのではないだろうか。なお、安土城で兼見と対面した光秀は謀反の存分を語ったというが、内容までは『兼見卿記』にも記されていない。

光秀は8日に上洛する予定だったが、1日延びて9日になった。光秀からは兼見の元に自筆書状で兼見邸に向かっているという連絡がきた。光秀は禁裏と誠仁親王に銀500枚を進上、大徳寺をはじめとする五山に銀100枚、兼見に銀50枚遣わしている。この日、光秀は夕食を兼見邸でとった。そこには紹巴、昌叱、心前も同席している。この3人は愛宕百韻の連衆でもあった。どのような会話があったのかはわからない。食事が終わり、光秀は下鳥羽に出陣していった。

なお、この日光秀が細川藤孝に送った覚書が細川家に伝えられている。光秀が援軍に駆けつけてくれると期待していた細川藤孝父子は信長父子を弔い髻《もとどり》を落として宮津から動こうとしなかった。紹巴らとの会食でも、本来ならその場にいてしかるべき藤孝の不在が光秀そして一座の脳裏から離れることはなかっただろう。

覚

一 (藤孝)父子が元結を払ったことは、もっともで余儀ないことである。一旦、わたしも腹を立てましたが。思案してみればかようにあるべきと思いました。しかしながら、このような事態になってしまったので、せめて、重臣をこちらに派遣して、親密な対応をとってくれるよう望んでいます。

一　国の事は、内々摂津を与えようと考え、御上洛されるのをお待ちしてます。但馬や若狭がお望みであれば、同様に対応できるよう申し付けます。

一　私が不慮の儀をひき起こしたのは、忠興などを取り立てようと思ったからです。さらさら別な考えはありません。五十日か百日の内に近国を平定したら、それ以後は興元（忠興の弟、光秀の子光慶とする説もある）や忠興などに引き渡し、何事にも関与しないつもりです。その後の詳しいことはそのふたりが考えればよろしいと思います。

以上

六月九日　　　　　　　　　　　光秀（花押）

墨継ぎを最低限におさえたスピード感ある筆つかいで一気呵成に書かれたこの覚書は内容もそれほど吟味していないように思える。その分、光秀の心情を正確に伝えているだろうが、外交文書としては失格だろう。光秀が信長を殺害するに至った大義名分や光秀のめざす政権構想が全く見えてこない。かつて「眼前に見えるようだ」と信長に激賞された報告文を作った光秀の面影は全く感じられないのである。藤孝の子どもふたりにその後を丸投げするなどという弱気では、藤孝の心を少しも動かすことなどできなかった。この時点で藤孝はすでに羽柴秀長を通じて秀吉と連携を取っていた。藤孝であれば味方してくれるだろう、という安易な思い込みが光秀の足もとを崩し落とそうとしていたのである。

この日、秀吉は明石まで戻ってきていた。光秀がどの程度秀吉の動きを探知できたかはわからないが、5日に毛利氏と秀吉が和議を結んだことぐらいは伝わっていてもおかしくない。奈良の多聞院英俊ですら、10日の時点で秀吉が近日畿内に着くという情報に接している。『惟任退治記』では、光秀が山崎の合戦直前まで、秀吉の動向をまったくつかめず、秀吉が西国に釘づけになっていたと思い込んでいたように記しているが、さすがにそこまで情弱だとはにわかには信じ難い。

9日には筒井順慶も光秀にとって気がかりな動きをし始めた。この日、順慶には河内へ出陣するよう要請があったが、出陣を延期し、郡山城に塩や米を運び入れ、10日には、山城へ出陣していた軍勢まで郡山へ引き返してしまったのである。多聞院英俊は秀吉の情報とあわせ、順慶が覚悟を替えたと日記に記している。この日、光秀は藤田伝五を郡山城に派遣したが、順慶は光秀からの要請にもはや応じなかった。

10日、光秀は一旦摂津にまで出陣したが、11日には下鳥羽へ戻り淀城（京都市伏見区）を普請している。なお、『蓮成院記録』にはこのころ光秀が山崎八幡ホラカ峠に着陣したと記している。後世これが誤って伝えられ、筒井順慶が洞ヶ峠で日和見したように語られることになったが、洞ヶ峠に出向いたのは光秀で、順慶は郡山城にこもって出てこなかったのである。

12日、光秀が雑賀の土橋重治に宛てた密書（口絵）が現在美濃加茂市民ミュージアム（岐阜県）に所蔵されている。以下は同館ホームページに掲載された内容である。なお、本文に将軍という文言が使われているわけでないが、ホームページを尊重して改変は一部にとどめた。

　仰せのように今まで手紙のやりとりがないところでしたが、将軍の味方をするという手紙をもらって嬉しく感じます。（将軍の）入洛のことを、（即座に）私は了解したので、その（私の）気持ちを踏まえて尽力することが大事です。

一　その国（紀州など）については、（あなたたちが）力を尽くしてくれていることはありがたい。さらに（私の）気持ちを踏まえてよく相談するように。

一 高野や根来、そこ（雑賀）の衆は相談して、和泉・河内方面へ軍勢を出すことを承知しました。知行などのことは縁故の国が相談し、これからずっとお互いに心を通わせ、不仲にならないように相談すること。

一 近江や美濃のすべての混乱をおさめ、自分の思うとおりになりました。ご心配は不要です。使者がいろいろ申します。

（追伸）御入洛のこと、援助や味方が大事です。詳しいことは将軍がおっしゃいますから、詳しくは述べません。

義昭に味方することを伝えてきた土橋重治に対し、同館ホームページのように義昭の上洛を光秀が即座に了解したとみるのか、それとも光秀が既に了解している、と解釈するのかで、光秀と義昭の関係ががらっと変わってくる。しかし、後者の解釈に従うにしても、いつの時点で光秀が義昭の上洛を了解したのかはこの密書からではわからない。先に紹介した細川藤孝宛の覚書では義昭についての言及は全くない。畿内平定後は細川忠興兄弟に委ねるという方針と義昭の入洛作戦については義昭からの指示に従って行動してほしいという姿勢に一貫性はない。細川家側には光秀の大義名分と義昭の上洛に触れた別の書状があったが、藤孝がそれを処分したという可能性は否定しないが、少なくとも2通の光秀文書を読み比べる限り違和感を感じてしまう。光秀がかなり追い込まれ義昭推戴《すいたい》に一縷《る》の望みをかけたのではという感じが否めない。

山崎の戦い

羽柴秀吉は11日午前8時には尼崎に着き、12日には池田恒興、中川清秀、高山右近と談合し、山崎へ兵を進めることが決まった。この時、清秀と右近が先陣争いをしたが、秀吉の仲裁で右近が先陣と決まった。ふたりが山崎に陣をかためた後、秀吉も天神の馬場（高槻市）まで兵を進め、秀吉じしんは信孝を待つため富田（高槻市）へ移動することになった。12日には勝龍寺の西側で足軽どうしの小競り合いも始まっている。山崎の戦いの前哨戦である。

山崎は現在の京都府乙訓《おとくに》郡大山崎町にある。京都から西国へ抜ける西国街道が中央を走

光秀本陣跡、恵解山古墳（京都府大山崎町）

り、その南で桂川、宇治川、木津川が合流して淀川となる。北は標高270メートルの天王山が迫っており、天王山と淀川に挟まれた隘路に離宮八幡宮があり、中世にはその神人たちが荏胡麻《えごま》油を生産し独占的に売りさばき、その経済力で自治都市として繁栄してきた。淀川をはさんで南側には標高約140メートルの男山丘陵に石清水八幡宮（京都府八幡市）がある。洞ヶ峠は石清水八幡宮から東南3・4キロの距離にある。

山崎から東北3キロには光秀が本陣を構えた御坊塚の有力候補、恵解山《いげのやま》古墳があり、そこから勝龍寺城へはわずか500メートルほどの距離である。

勝龍寺城跡（京都府長岡京市）

山崎から桂川をはさんで東北東3・7キロの地点に光秀が11日に普請した淀城があり、当初光秀が陣をひいた下鳥羽地区は淀城から東北に4キロほど離れているだけである。光秀が下鳥羽、淀城を重視していたのは、そこから淀川の南岸を通り、大坂の京橋へ抜ける京街道を意識していたからだ。大坂城にいる織田信孝らに圧力を加えるにも、逆に大坂城からの反撃があるにしても京街道が主戦場になると踏んでいたのだろう。ところが光秀の予想は外れ、秀吉は西国街道をそのまま京都へ向かうルートを取り、大坂城にいた信孝らがそれに合流するという流れになってきたのである。

天下分け目の天王山と呼ばれることもあるが、天王山やすぐ南の山崎の町も12日の夜には秀吉方に占領されていた。天王山とすぐ南の隘路で秀吉軍の進撃を阻むという作戦そのものが当初から破綻していたのである。さらにこの時点で光秀の軍勢は近江や丹波にも分散しており、斎藤利三も坂本城での籠城を献策したが、光秀はそれを採用しなかった。なぜ、光秀ははじめから不利な戦いを挑もうとしたのだろうか。光秀は朝廷や公家たちに京都を守ると宣言しただろうし、義昭に対しても上洛を待つという姿勢を鮮明にした以上、秀吉軍の京都進撃に手をこまねいて見ているわけにはいかないという想いもあっただろう。しかし、大義名分と共に滅んでいったり、結果が大義名分を生みだした事例を数多く見ていたはずの光秀が下した決断としてはすっきりしない。期待していた細川藤孝や筒井順慶の離反、想定外の秀吉のスピーディな動きに、光秀が思考停止の状態に陥ったのではないかとすら思えてくる。

13日昼ごろ大坂を出陣した織田信孝も淀川を越えて秀吉と合流した。秀吉は渡河地点まで信孝を出迎え、信孝の涙に秀吉までもらい泣きしている。信孝と合流した秀吉軍は山崎に向けて進撃する。すでに街道沿いに布陣していた高山右近、中川清秀には堀秀政が加わり、その南、川沿いを池田恒興、秀吉、木村重茲《しげこれ》、中村一氏《かずうじ》が進み、天王山へは羽柴秀長、黒田孝高《よしたか》らが向かった。

午後4時ごろ、山崎から京都側の小泉川に沿って布陣していた光秀方から戦いは仕掛けられた。山崎の町の門まで押し寄せた光秀勢に対し、高山右近が開門し戦いは始まった。秀吉本隊は長旅の疲れもあり、予定どおりには着陣できなかったようだが、秀吉本隊と織田信孝軍が戦場に駆けつけると勝敗はあっけなくついた。『言経卿記』には、「即時敗北伊勢守已來三十余人打死了」と記されている。さすがに30余人では少なすぎるが、その戦死者の中に伊勢伊勢守貞興が含まれているのは注目してよいだろう。伊勢守貞興については本書5章で述べたが、信長正室の甥でもある足利義昭旧臣である。光秀が最終的に義昭推戴を大義名分としたこともあり、幕府旧臣たちはここを死に場として絶望的な戦いに奮闘したのである。山崎での戦いが短時間で終了すると後は掃討戦である。『蓮成院記録』はやや大げさだと思うが次のように伝えている。

「惟任日向守ハ上ノ醍醐ニテ生害云々、伝吾（藤田伝五）モ腹切畢、数万人打死、山崎表ヨリ醍醐辺マテアナタコナタ五十・百・二百・三百打死数ヲ不知云々」

山崎の戦いに敗れた光秀は勝龍寺城に逃げ込んだ。勝龍寺城を取り囲んだ秀吉勢は一晩中発砲を続けたというが、その包囲網をかいくぐり光秀は坂本城をめざして逃亡した。

フロイスの『日本史』は光秀の最期を次のように記している。

「哀れな明智は、隠れ歩きながら、農民たちに多くの金の棒を与えるから自分を坂本城に連行するようにと頼んだということである。だが彼らはそれを受納し、刀剣も取り上げてしまいたい欲に駆られ、彼を刺殺し首を刎ねたが、それを三七殿（信孝）に差し出す勇気がなかったので、別の男がそれを彼に提出した」

光秀が殺害された正確な場所はわからず、『兼見卿記』『言経卿記』では醍醐、『蓮成院記録』では上ノ醍醐となっている。小栗栖というより詳しい地点は『豊鑑』や『太閤記』といった成立がやや遅れるものに登場する。光秀の首と胴は光秀が信長を襲った本能寺の跡地にさらされた後、信孝の命により首と胴をあわせて裸のまま磔にされた。23日になってようやく粟田口の東に築かれた首塚におさめられ、辱《はずかし》めから解放されることになった。

斎藤利三の死

山崎の戦いの時、安土城を任されていたのは明智秀満であった。秀満は光秀敗軍の報が届くと、かつて蒲生賢秀が安土城を無傷のまま明智方に引き渡したのに倣《なら》い、安土を退城し坂本城に戻った。途中、大津で堀秀政の軍勢に行く手を阻まれたが、秀満は騎乗のまま琵琶湖を渡ったという湖水渡りの伝説が知られている。『惟任退治記』には「小船に取り乗り」と記され、こちらの方が事実に近いだろう。

フロイスの『日本史』に秀満の名は見えないが、安土を去った明智の武将が最後に大量の黄金を琵琶湖に投げ捨て、天主に立てこもり、婦女子を殺害した後、切腹したことを伝え、「その時、明智の二子が死んだが、非常に上品な子供たちで、ヨーロッパの王子を思わせるほどであったと言われ、長男は十三歳であった」と結んでいる。なお、『兼見卿記』は坂本城の天主に火を放ったのは高山次右衛門だったと記している。高山次右衛門とは明智光忠のことである。山崎の戦いの2日後のことであった。この日、安土城も焼失、フロイスが絶賛したふたつの城が同時に地上から姿を消すことになったのである。

斎藤利三は堅田に潜んでいたところを捕らえられ、17日車で洛中を引廻され、六条河原で斬首された。勧修寺晴豊の『天正十年夏記』に「かれなと信長打談合衆也」、山科言経の『言経卿記』には「今度謀叛随一也」と記されていることから、利三が本能寺の変を引き起こした張本人であり、利三が深く関わった信長と長宗我部元親の外交破綻が本能寺の変の呼び水となったとする有力な説もある。しかし、『天正十年夏記』や『言経卿記』が利三処刑の日に、利三の本能寺の変への関与を多大に書き残したのは、なにか意図的な匂いが感じられないだろうか。『信長公記』が記した光秀が最初に謀反を相談した4人の家臣のうち、明智秀満、明智光忠は坂本城と命運を共にし、藤田伝五は山崎での敗戦直後に自刃している。密室での謀議があったのは事実だろうが、メンバーが誰だったかについては本来外にでるべき情報ではない。フロイスの『日本史』にも名前は記されていないものの光秀がもっとも信頼していた腹心の部下の中から4名の指揮官を呼び事情を説明したというくだりがあり、人数は一致する。それらの符合は歴史的事実であるより一元的に広報された結果ではなかったろうか。たまたま最後に生きたまま捕らえることができた斎藤利三を光秀に次ぐ悪の権化として洛中を引廻し、斬首にして本能寺の変の幕引きをはかるのは秀吉側のパフォーマンスとして効果が高かったろうし、光秀への協力者探しの対象がいつ自分にも及びかねないと考えていた貴族たちにとっても、直接的に自分とは縁の遠い利三に全責任をなすりつけることは望ましかったように思えるのである。

一方、『惟任退治記』の著者大村由己は斎藤利三を好意的に評価している。由己は利三を、儒教で説く五つの徳目、仁・義・礼・智・信を備え、花鳥風月を賞翫《しょうがん》し、詩歌を学んだ理想的な武人としてとらえ、なぜ利三がこのような悲惨な目に遭うのか遺恨が深いと嘆いてみせた。そして、由己は利三を犯人と疑われて獄中に入った公治長《こうやちょう》、仇討ちを終えた後、頼朝に捕まり、その面前で仇討ちに至った心境を吐露して恥辱を晴らした曾我五郎にたとえている。

利三が曾我五郎のように秀吉や信孝の面前で自らの心境を吐露した機会があったとは思えないが、本能寺の変の最高責任者として処刑され、光秀と共に遺骸がさらされた利三に対して、秀吉に御伽衆として仕え秀吉の偉業を喧伝するため『惟任退治記』を著した大村由己がこれほどまでに利三を高く評価するのは利三に責任がなすりつけられたからくりを理解していたように思われるのである。

利三の子どもふたりは利三と命運を共にしたが、妻やその他の幼い子どもたちは処刑されることはなく、美濃の稲葉一鉄に引き渡された。天正11年、一鉄は利三の妻や残された子どもを華渓寺（大垣市）で保護し、土佐に逃れることができた石谷頼辰と手紙のやりとりをしている。その子どもたちの中には、後に春日局として権勢をふるうことになる福や将軍家光に旗本として仕えた利宗もいたのである。

いつかこんな日がくるとは（結びにかえて）

土山　公仁

明智光秀をテーマにした本を書くことになろうとは夢にも思いませんでした。岐阜市歴史博物館に勤めて、信長に関する展覧会なら何本も企画しましたし、雑誌を含めれば信長がらみの原稿なら何本も手掛けてきました。信長の引き出しならたくさんあったのですが、光秀となるとそれほど真剣に勉強してきたわけでないことを最初に白状してしまいます。そのため、この本は光秀が主人公であるものの、信長をテーマにした小ネタが豊富なものになってしまいました。

この本は岐阜新聞の連載をベースにしたものです。当初は少したすだけでと思っていましたが、いざ書き出すと何倍にも膨らんでしまい、時間も超過してしまいました。

岐阜新聞の連載を引き受けた際、基本方針としたのは、光秀と信長をネガティヴに表現しないということでした。人物の好き嫌いでなく研究対象として学問的公平性という良心に従って書いたなどとは決して申しません。歴史叙述に神のような視点などありえないし、単なる事実を並べただけでは歴史になりえないとぼくは思っているからです。

ひとつの出来事をどのように描くかで、読者に伝わる光秀の印象はがらっと変わってしまいます。例えば、島津家久を坂本に饗応した光秀は長篠の戦いの最中という理由で酒の席を遠慮したり、信長の書を茶会で飾ったというエピソードを本書でも紹介しましたが、大山崎町歴史資料館の福島克彦さんは、光秀は信長に伝わることを予想して演じているのかもしれない、と考えています。そうすると、裏切りや密会を好み、計略と策謀の達人というフロイスの光秀評にも通じるところになります。そのトーンで光秀の本を書き上げることもできたでしょうし、むしろその方が弱肉強食の戦国時代をのしあがった光秀の実像に近いのかもしれません。けれども、コロナ禍とはいえ、日本の平和な日常の中で、光秀という人物の考えや世界観を十分に理解することなど到底不可能ですし、歴史を楽しむために当時の世情を十分に理解することが必ずしも必要だとも思っていません。

アーサー・c・ダントは、歴史叙述の方法を物語文と表現しています。ある時点の出来事を述べているかのように装いながらも、それ以後の時間軸で起こったことが引き合いに出されているのが歴史の叙述なのです（『物語としての歴史』）。光秀の場合、どうしても本能寺の変を引き起こしたという事実にすべてを収斂させて語られることになってしまいます。先ほどあげた事例も、光秀が信長を深く警戒していた、信長に心酔していたという真逆な解釈が可能なのは、本能寺の変ともからんできます。少なくとも、本能寺の変を引き起こしていなければ、福島さんのような解釈はうまれてこなかったでしょう。つまるところ光秀を書くということは、本能寺の変をどう考えるかということと切り離すことはできないのです。新聞連載のはじめからどのように締めくくるかを悩んでました。先にあげた方針から信長の非道ぶりや光秀の信長への恨み節にからめることだけは避けようと考えていましたので、当初から信忠をキーパーソンにしようと決めていました。その場合、信忠をヒールに描こうと考えていたのですが、愛宕山で雪を見つけて、光秀、信長だけでなく信忠も悪人にしない物語を組み立てることができました。

実験で因果関係を証明できる科学の世界とは違って、たった一度しか起こらない歴史的大事件の真の因果関係を解明するのは現実的には絶望的な企てです。実験することのできない状況では物語を作る能力が無制限に行使される（ダンカン・ワッツ『偶然の科学』）の見本のように、現在までに、多くの本能寺の変論が提出されています。ダンカン・ワッツ流に言えば、物事が連続して起こっているだけなのにそこに因果関係を推論する誘惑に負けた、ということになるのかもしれませんが、6月2日、信長と信忠が京都にいることを知っていなければ、光秀は本能寺の変を決行しなかったはずだというぼくの想いは変わりません。

歴史の本とは本質的に著者の目を通した歴史の見方を提示したものです。本を読むという行為は、著者の考えを読者の知識の吸収とすり替えてしまう傾向が常に潜んでいます。今回、この本を執筆するにあたり、できるだけもとになったテキストを確認するようつとめてみました。この本で提示したいくつかの仮説に賛同していただけるのもうれしいのですが、それと同時に頭の中で、物語文の要素を削ってみてください。そして、それをもとに新たな光秀像を描いてほしいのです。大切なのは、他人に教えられてではなく、自分自身で歴史を発見することです。そしてそれが正当な歴史の楽しみ方であるとぼくは信じているのです。

写真提供・協力者（敬称略・順不同）

荒井孝治写真事務所
安藤茂喜
一般社団法人 朝倉氏遺跡保存協会
海の京都 DMO
大津市埋蔵文化財調査センター
国立国会図書館
福井市
福知山市
美濃加茂市民ミュージアム
愛宕神社
延暦寺
宗教法人 大本
桂八幡神社
御霊神社
西教寺
慈眼寺
称念寺
瑞龍寺
武田神社
谷口研語
東南寺
中洞白山神社
本徳寺

本書は岐阜新聞に 2019 年 4 月 2 日から 12 月 17 日まで 18 回連載した「光秀を追う」をもとに加筆されたものです。

土山　公仁（つちやま・きみひと）

1956（昭和31）年長崎県大村市生まれ。名古屋大文学部史学科卒。岐阜市歴史博物館学芸員を経て愛知淑徳大非常勤講師。著書に『戦国武将の合戦図』、『岐阜県謎解き歴史散歩』（共著、新人物往来社）『国盗り道三』『信長と美濃』（監修、岐阜新聞社）など。

岐阜新聞アーカイブズシリーズ6

光秀を追う

発行日　2020年10月8日
著者　土山 公仁
発行　株式会社岐阜新聞社
編集・制作　岐阜新聞情報センター出版室
〒500-8822
岐阜市今沢町12　岐阜新聞社別館4F
TEL.058-264-1620（出版室直通）
印刷　岐阜新聞高速印刷株式会社

※ 価格はカバーに表示してあります。
※ 乱丁本、落丁本はお取り替えします。
 ISBN978-4-87797-286-8